HISTORIQUE

DU

106ᵉ RÉGIMENT D'INFANTERIE

ÉVREUX, IMPRIMERIE DE A. HÉRISSEY ET FILS.

PUBLICATION DE LA RÉUNION DES OFFICIERS

HISTORIQUE

DU

106ᵉ RÉGIMENT D'INFANTERIE

DE LIGNE

PARIS

CH. TANERA, ÉDITEUR

LIBRAIRIE POUR L'ART MILITAIRE, LES SCIENCES ET LES ARTS

Rue de Savoie, 6

1874

AVANT-PROPOS

« Il faut que nos jeunes soldats apprennent, en en-
« trant au régiment, que cette famille a eu un passé,
« souvent glorieux; que dans nos plus grands mal-
« heurs, au milieu de nos plus affreux revers, elle
« s'est toujours montrée dévouée au pays, fidèle à ses
« devoirs, à la hauteur des rudes épreuves que nous a
« envoyées la Providence. Le récit de ce qu'ont fait
« nos devanciers leur fournira de justes motifs d'ému-
« lation et de profitables enseignements, et leur inspi-
« rera le désir d'imiter ceux qui, avant eux, ont bien
« mérité de la patrie. »

Puissent ces nobles paroles du ministre de la guerre,
si bien appropriées aux héroïques soldats de la
106ᵉ demi-brigade, trouver un écho parmi nous.

Pour moi, humble narrateur de tant de hauts faits,

1

j'ai mis tous mes efforts à faire connaître à mes camarades les nobles exemples d'énergie, de courage, d'abnégation et de dévouement à la patrie que nous offrent sans cesse ceux qui portèrent si haut le drapeau de la France.

Camp de Saint-Maur, le 6 janvier 1873.

VALET,
LIEUTENANT AU 106ᵉ.

HISTORIQUE

DU

106ᵉ RÉGIMENT D'INFANTERIE DE LIGNE

INTRODUCTION

L'infanterie avant 1789. — L'infanterie française, avant la révolution de 1789, comprenait des troupes régulières et des troupes auxiliaires : l'infanterie régulière se composait, indépendamment de la maison du Roi, de 79 régiments d'infanterie française, 23 régiments étrangers et 12 bataillons de chasseurs à pied. Cette infanterie que l'on désigna, peu après, sous le nom de troupe de ligne, se recrutait par les engagements volontaires.

Les milices ou troupes provinciales, qui constituaient une force auxiliaire de l'armée régulière, se recrutaient au contraire par la voie du tirage au sort. Elles se composaient de 13 régiments de grenadiers royaux, 16 de provinciaux, et 78 bataillons de garnison.

Quoique moins solides que les troupes régulières, ces milices pouvaient fournir de bons services et l'avaient suffisamment prouvé pendant la guerre de Sept ans. Leur suppression, une des plus grandes fautes qu'ait pu commettre l'Assemblée, fut prononcée le 4 mars 1791, sur la réclamation des provinces contre le tirage au sort.

Désorganisation de l'armée. — L'agitation révolutionnaire ne tarda pas à pénétrer dans l'armée régulière; le premier exemple donné le 14 juillet 1789 par les gardes françaises qui se révoltèrent fut bientôt suivi par un grand nombre de régiments. Dans les autres, le désordre, sans être aussi grand, n'en avait pas moins fait disparaître tout sentiment de discipline. Dans tous, les soldats chassaient les officiers et les remplaçaient à l'élection.

Ceux qui, dans l'Assemblée, ne craignaient pas de s'intituler patriotes, étaient d'autant plus satisfaits, qu'au lieu de ce qu'ils appelaient un foyer de despotisme et d'aristocratie, ils auraient désormais une nation armée qui permettrait largement à la France de faire face à toutes les éventualités.

Par un état du mois de juin 1790, on donne, en effet, le chiffre de 2,571,700 comme celui des citoyens portant l'uniforme. Ni le chiffre des citoyens, ni celui des uniformes n'existaient réellement en totalité; mais on trompait ainsi sur le nombre des défenseurs pour motiver la désorganisation de l'armée, que l'on poursuivait avec une fiévreuse activité.

Garde nationale. — Les esprits sages de l'Assemblée en jugèrent autrement et essayèrent de réorganiser l'armée régulière, tout en organisant la garde nationale. Par un règlement du 1ᵉʳ janvier 1791, les noms particuliers des corps furent supprimés, et on leur substitua des numéros d'ordre.

Quelque temps après, on effaça les différences de race et d'origine entre l'infanterie française et l'infanterie étrangère.

Pour renforcer les effectifs et assurer le recrutement des troupes de ligne, un décret du 28 janvier 1791 recommande la levée par engagements volontaires de 100,000 auxiliaires destinés à entrer dans les divers corps de l'armée suivant leurs besoins. Un nouveau décret du 4 juin ayant réservé 25,000 de ces auxiliaires pour la marine, on régla la répartition des 75,000 restants par districts et départements.

Volontaires nationaux. — Par suite de résolutions contradictoires de l'Assemblée nationale, ces auxiliaires ne furent jamais levés, et devinrent les premiers volontaires nationaux.

C'est avec l'armée de ligne ainsi démoralisée et ces volontaires nationaux que se firent les premières guerres de la révolution.

La légende qui nous représente ces volontaires comme une troupe d'élite est bien loin de ce que l'on peut appeler la triste réalité. Si leur bravoure au feu est chose incontestable, l'indiscipline, le pillage, la désertion dont ils donnèrent de si nombreuses preuves,

ne peuvent davantage être mis en doute. Les rapports
de leurs généraux sont tous unanimes pour flétrir leur
conduite, et tous se terminent par les mêmes mots:
« Surtout, ne m'envoyez pas de volontaires. »

Que n'a-t-on pas raconté cependant de l'enthousiasme des premières armées de notre révolution de 1789
qui furent opposées sous Dumouriez en 1792 à la coalition austro-prussienne! Quels effets l'opinion du
temps, reflétée par l'histoire, ne lui a-t-elle pas attri-
bués sur le succès militaire qui désorganisa cette coalition! La vérité que nous apprend Gouvion Saint-Cyr,
c'est que la partie des troupes qui, dans cette armée,
représentait spécialement l'enthousiasme fut constam-
ment à Valmy, Jemmapes et Neervinden l'embarras,
l'empêchement des intelligentes opérations de Dumouriez.

1ᵉʳ amalgame. — Les nombreuses lettres adressées
à l'Assemblée, pour remédier à un état de choses aussi
malheureux, finirent par être entendues, et, sur l'avis
unanime de Kellermann, Dumouriez, Custine, Biron et
Beurnonville, la Convention, à la demande de Servan,
finit par consentir à une fusion entre les régiments de
ligne et les gardes nationales ou volontaires. Cette
fusion, connue sous le nom d'amalgame, consistait à
prendre un bataillon de l'ancienne armée et deux de
volontaires pour former une demi-brigade ayant même
uniforme et même solde.

La loi de l'amalgame votée le 21 février 1793 a eu
le tort de faire une concession aux patriotes que ce

projet inquiétait par son article 8. La fusion, au lieu d'être immédiate, ne devenait exécutoire que sur un nouveau vote de l'Assemblée.

Les corps restaient provisoirement formés d'après leur ancien mode d'organisation, et l'on devait faire ainsi la campagne de 1793 qui allait commencer.

Nouvelle composition de l'armée. — L'armée ainsi organisée sur le papier fut composée de 21! demi-brigades de ligne ou de bataille, 15 demi-brigades provisoires, 31 légères et 25 sans numéros, qui portè-rent les noms des pays qui les avaient fournies.

106ᵉ demi-brigade de première formation. — La 106ᵉ demi-brigade devait être formée de deux batail-lons de volontaires et du 2ᵉ bataillon du 53ᵉ régiment (Alsace); mais ce bataillon étant à Cayenne, l'amal-game ne put avoir lieu, et la 106ᵉ resta vacante jus-qu'en 1796.

Nécessité d'un deuxième amalgame. — Beaucoup de demi-brigades n'avaient pu être formées : les unes, comme la 106ᵉ, parce que le bataillon des troupes ré-gulières, qui devait être réuni à deux bataillons de volontaires, ne se trouvait pas en France; les autres, parce que les volontaires présentaient un nombre de bataillons de beaucoup supérieur à deux fois le nombre des bataillons de ligne, et que, par suite, une fois les bataillons de l'ancienne armée placés, il restait un grand nombre de ceux de la nouvelle qui ne trouvaient pas de correspondants. Pour obvier à cet état de choses, l'Assemblée, par un décret du 8 janvier 1796, rendu exécutoire le 12 février, ordonna un deuxième amalgame. Sur cette nouvelle fusion, la 106e fut définitivement formée des anciennes 35e et 201e demi-brigades, auxquelles on ajouta plus tard le 12e bataillon de la Gironde.

Avant de suivre la trace glorieuse de la 106e, imprimée par le sang de ses braves sur les divers champs de bataille de l'Europe, esquissons rapidement les diverses transformations qu'elle a subies jusqu'à nos jours, par suite des fluctuations politiques.

Par un arrêté des consuls du 24 septembre 1803, la 106e demi-brigade prend la dénomination de 106e régiment de ligne.

La réduction effectuée dans l'armée par ordonnance royale du 12 mai 1814 transforme le 106e en 87e, et au retour de l'île d'Elbe le régiment reconstitué reprend son ancien numéro.

Légion des Bouches-du-Rhône. — La deuxième restauration amène le licenciement de l'armée prononcé par l'ordonnance du 13 mars 1815; et une nouvelle ordonnance du 3 août de la même année organise 87 légions formées de deux bataillons d'infanterie et d'un bataillon de chasseurs. L'ancien 106e est versé dans la légion des Bouches-du-Rhône.

6e de ligne. — Le 23 octobre 1820 les légions sont supprimées et remplacées par 80 régiments; celle

es Bouches-du-Rhône est versée au 6ᵉ de ligne et y
orte les glorieux débris de la 106ᵉ demi-brigade et
u 106ᵉ de ligne.

6ᵉ provisoire. — Ce régiment, qui s'était rendu
llustre dans presque toutes les batailles ou combats
e la République et de l'Empire, disparaît alors de
'armée française jusqu'en 1871. A cette époque, la
rance vaincue par les barbares du Nord est en proie
 la guerre civile; des factieux, qui n'ont pas eu le
ourage de défendre leur patrie, luttent à outrance
ontre le gouvernement. Rien n'arrête la fureur de ces
ètes féroces déchaînées; assassinat, pillage, incendie,
out leur est bon pour conserver ce pouvoir arbitraire
u'ils ont saisi à la suite de nos malheurs.

Heureusement une poignée de braves contient
uelque temps ces brutes altérées du sang français, et
'armée prisonnière rentre pour reprendre ses armes,
enger la société et sauver la France.

Les soldats de Reischoffen et de Sedan, ceux de Gra-
elotte et de Rezonville, oublient leurs souffrances,
eurs humiliations, pour ne songer qu'au pénible devoir
ui leur incombe.

Sous l'impulsion de ses chefs, l'armée est réorga-
iisée; à côté des régiments existants, on forme des
égiments provisoires; et tous marchent aussitôt au
ecours de la France contre la Commune.

106ᵉ de ligne. — Aussitôt la lutte terminée, aussi-
ôt Paris rendu à la France, et l'ordre et le respect de

la loi à notre patrie, ces régiments provisoires sont reconnus définitifs; et pour la première fois depuis 1820, nous voyons reparaître le nᵒ 106 formé du 6ᵉ régiment provisoire qui, organisé à Cherbourg par le colonel Péan, venait de jouer un rôle très-actif dans la répression de la Commune.

Les circonstances exceptionnelles dans lesquelles ces régiments ont pris naissance nous donnent leur devise : Tout pour la France. Créés dans le malheur et pour le rétablissement de l'ordre, ils ont prouvé que, pour eux, il n'est qu'une chose, la patrie; qu'un devoir, le dévouement absolu.

HISTORIQUE DES CORPS QUI ONT FORMÉ LE 106ᵉ RÉGIMENT D'INFANTERIE DE LIGNE

Comme dans cet historique nous devons relater tous les faits d'armes de la 106ᵉ demi-brigade, nous croyons de notre devoir de donner aussi, quoique très-rapidement, les diverses actions de guerre auxquelles ont pris part ses divers éléments constitutifs, alors qu'ils étaient désignés sous les numéros 35 et 201, et pendant la période de temps écoulée depuis leur naissance, c'est-à-dire le premier amalgame, jusqu'à leur fusion dans la 106ᵉ en 1796.

Nous avons déjà dit que la 106ᵉ, de première formation, se composait de deux bataillons de volontaires et du 2ᵉ bataillon du 53ᵉ, et qu'elle n'avait pu être organisée; que par la deuxième formation en 1796, cette demi-brigade se forma de la 35ᵉ et la 201ᵉ demi-brigade et du 12ᵉ bataillon de la Gironde.

Énumérons donc les actions de guerre de ces trois derniers éléments, depuis la fin de 1792 jusqu'en 1796, moment où ils sont réunis sous le nom de 106ᵉ.

35ᵉ demi-brigade. — La 35ᵉ demi-brigade a été formée le 18 fructidor an II des quatre éléments suivants :

1° Le 1ᵉʳ bataillon du 18ᵉ régiment (royal-Auvergne).

2° Le 3ᵉ bataillon des volontaires de la Meurthe formé en août 1791.

3° Le 5ᵉ bataillon des volontaires de la Meurthe formé en octobre 1791.

4° Une partie des bataillons des volontaires du Maine-et-Loire formés le 1ᵉʳ août 1793 et incorporés comme complément dans la 35ᵉ demi-brigade le 2 fructidor an III.

1ᵉʳ bataillon du 18ᵉ régiment (royal-Auvergne).

27 avril 1792. Bataille de Quiévrain.

6 novembre. Retraite de Jemmapes.

16   —   Combat devant Bruxelles.

1ᵉʳ décembre. Siége de Namur.

5   —   Combat au bois de Vivier-l'Agneau.

26 mars 1793. Combat près de Dinant.

10 juillet. Attaque et prise de la redoute du petit Luxembourg, devant Maubeuge.

9 vendémiaire. Combat et retraite jusqu'au camp retranché devant Maubeuge.

9 au 25. Le bataillon est bloqué dans Maubeuge.

1ᵉʳ brumaire. Expédition au bois des Tilleuls.

24 frimaire. Combat près du village de Gros-Rhin.

5 prairial. Retraite et combat près de l'abbaye d'Aude.

20   —   Expédition près du château de Marimont.

8 messidor. Bataille de Fleurus.

13 — Prise de la position du mont Parisel.

11 et 12 vendémiaire. Bataille sur la Roïr et siége de Maëstricht.

5e bataillon de la Meurthe.

15 juillet 1792. Combat près de Givet.

20 septembre. Bataille du Camp de la Lune.

4 mars 1793. Combat à Hervé, près de Liége.

18 — Bataille de Neervinden.

22 — Combat près de Louvain.

1er au 8 avril. Combat d'Anzin, près de Valenciennes.

6 août. Affaire du pont d'Aire sur la Lys.

25 — Expédition contre les Anglais sur le canal de Saint-Omer. Le bataillon bloqué dans Dunkerque fait plusieurs sorties.

14 au 17 octobre. Déblocus de Maubeuge. Combat à Storain.

8 messidor. Bataille de Fleurus.

13 — Prise du mont Parisel.

6e bataillon de la Meurthe.

28 juillet 1792. Expédition de Virton.

12 septembre. Combat de la Croix-au-Bois.

20 — Bataille du Camp de la Lune.

6 novembre. Bataille de Jemmapes.

19 — Combat près de Bruxelles.

3 mars 1793. Combat près de Hervé.

20, 21, 22 mars. Défense de Louvain.

20 septembre. Combat de Hondschootte, Ypres, Menin et Courtray.

15 et 16 décembre. Déblocus de Maubeuge. Passage de la Sambre.

15 prairial. Combat de Charleroy, blocus de cette place.

8 messidor. Bataille de Fleurus.

13 —   Prise du mont Parisel.

24 —   Combat à la montagne près de Louvain.

L'an III ces bataillons réunis sous le nom de 35ᵉ demi-brigade prennent part au blocus de Mayence et au passage du Rhin à Budenheim.

5ᵉ bataillon du Maine-et-Loire formé le 1ᵉʳ août 1793.

6 août 1793. Passage de la Loire et prise de Cholet.

14 — Combat entre Cholet et Mortagne.

Septembre. Combat aux Quatre-Chemins.

Octobre. Attaque et déroute des brigands à Douay.

19 brumaire. Combat à Sainte-Cécile.

Ventôse. Combat à la Roche-sur-Yon.

20 floréal. Surprise et défaite de 400 brigands aux Sables.

21 thermidor. Bataille de Dettingen.

Fructidor. Combat à Evranches. Siége de Luxembourg.

An III. Blocus de Mayence.

Opérations de la 55° demi-brigade.

17 brumaire an IV. Retraite du camp de Mayence.

19 — Combat à Kirchenbolanden.

19 frimaire. Combat à Chope; l'ennemi est complètement battu.

22 frimaire. Combat à Chope; nous sommes repoussés
par des forces supérieures.

27 frimaire. Reprise du poste de Chope.

Deuxième amalgame; la 35° sert à former la 106°
demi-brigade.

201° demi-brigade. — La 201° demi-brigade fut
formée en l'an III :

1° Du 1ᵉʳ bataillon des volontaires de la Seine organisé en juillet 1791.

2° Du 1ᵉʳ bataillon des Ardennes formé en septembre 1791.

3° Du 5° bataillon des volontaires de la Drôme (août
1792).

4° Du 8° bataillon de l'Ain (septembre 1793).

1ᵉʳ bataillon de la Seine.

Mars 1792. Expédition d'Ypres, Menin et Courtray.

27 septembre 1792. Bataille de Sainte-Menehould.

6 novembre. Bataille de Jemmapes.

18 mars 1793. Bataille de Neervinden.

1ᵉʳ et 8 mars. Combat d'Anzin.

15 et 16 octobre. Déblocus de Maubeuge.

8 et 9 frimaire. Combat à Kayserslautern.

21 thermidor. Bataille de Dettingen.

An III. Blocus de Mayence, affaire de la position dite le Plateau. Réunion à la 201ᵉ demi-brigade.

1ᵉʳ bataillon des Ardennes.

1792. Le bataillon enfermé dans Thionville fait plusieurs brillantes sorties.

1793. Expédition dans le pays compris entre la Moselle et la Sarre.

9 brumaire. Expulsion des Prussiens de Deux-Ponts.

8, 9 et 10 frimaire. Combat de Kayserslautern.

21 thermidor. Bataille de Dettingen.

An III. Blocus de Mayence et formation de la 106ᵉ.

5ᵉ bataillon de la Drôme.

13 octobre 1793. Lignes de Wissembourg.

8, 9 et 10 octobre. Combat de Kayserslautern.

2 nivôse. Prise des redoutes de Woerth.

6 — Reprise des lignes de Wissembourg.

21 thermidor. Bataille de Dettingen.

— Siége de Manheim.

An III. Blocus de Mayence.

— Retraite.

— Combat sur la Frime.

8° bataillon de l'Ain.

9 septembre 1793. Bombardement de Vieux-Brisach.

8 — Escarmouche sous les murs de Saverne.

6 nivôse. Reprise des lignes de Wissembourg.

Vendémiaire. Blocus de Luxembourg.

— Partie du blocus de Mayence.

— Les quatre bataillons réunis sous le nom de 201° demi-brigade continuent le blocus de Mayence, effectuent la retraite le 7 brumaire, et livrent plusieurs combats sur la Frime.

12° bataillon de la Gironde. — An III. Guerre de la Vendée.

An III. Affaire contre les brigands à la Chataigneraie.

An IV. — — —

An V. Incorporé à la 106° en frimaire.

CAMPAGNE DE 1796 EN ALLEMAGNE

Nous avons vu que la 106ᵉ demi-brigade a été organisée au 2ᵉ amalgame par un décret du 8 janvier 1796. Elle fut placée sous le commandement du colonel Rossel et des chefs de bataillon Dumesne, Dupellin, Macquart et Autran. Incorporée dans l'armée de Rhin-et-Moselle (Moreau), elle fait partie du centre de cette armée (Gouvion Saint-Cyr), 1ʳᵉ division général Taponnier, 1ʳᵉ brigade général Lecourbe.

Carnot avait conçu un plan gigantesque pour cette campagne de 1796 : porter la guerre au cœur des États autrichiens, et marcher simultanément sur Vienne par le Mein, le Danube et le Pô. Ce plan fut confié à trois généraux jeunes, hardis et entreprenants : Jourdan, Moreau et Bonaparte ; le premier conserva le commandement de Sambre-et-Meuse, le deuxième eut celui du Rhin-et-Moselle, le troisième celui d'Italie.

L'archiduc Charles, qui commandait en chef les troupes autrichiennes, occupait la ligne du Rhin, de Manheim à Bâle.

Jourdan par le Mein, Moreau par le Necker refoulant l'ennemi, l'un dans la Bohême, l'autre derrière le Danube, devaient occuper la ligne d'Ingolstadt à Inspruck, et se relier entre eux et à l'armée d'Italie pour marcher sur Vienne avec les trois armées réunies.

Jourdan prend l'offensive pour attirer l'ennemi, remporte la victoire d'Altenkirchen, mais bat en retraite devant les forces supérieures qui lui sont opposées.

Moreau, qui se trouvait sur la rive gauche du Rhin, et qui avait à franchir ce fleuve en présence d'une forte armée, donne à tous les corps des ordres de marche faisant croire à l'ennemi un projet de concentration vers le nord; et, au moment où les Autrichiens ont fait descendre le cours du Rhin à la majeure partie de leurs troupes, pour s'opposer à ce projet, il remonte le fleuve, et en surprend le passage à Kehl.

Une fois sur la rive droite, Moreau veut descendre le Rhin avec son aile gauche (Desaix) et le centre (Saint-Cyr), pour déboucher sur le Necker, pendant que la droite (Ferino) traversera la forêt Noire, et arrivera dans le Brisgau.

Combat de Kniébis. — Pour faciliter cette marche de flanc, en présence d'une armée ennemie, il s'assure des gorges de la Renchen; la brigade Laroche s'empare de la montagne du Kniébis, occupée par les Wurtembergeois, et de la position très-importante de Freudenstadt (3 juillet).

Combat de Rastadt. — Après avoir ainsi chassé l'ennemi jusqu'à la hauteur de Rastadt, il l'attaque de nouveau dans cette position. Dans cette bataille (5 juillet), la brigade Lecourbe, de la division Taponnier, marche sur le flanc gauche ennemi, qui se trouvait à Gersbach dans la vallée de la Murg, le repousse, effectue un mouvement tournant sur la gauche et le force à descendre le cours du fleuve, jusqu'à Kuppenheim.

L'armée autrichienne, ayant ses flancs à découvert par les succès de l'armée du Rhin-et-Moselle à la bataille de Rastadt, se retira sur Ettlingen. Le prince Charles attendit dans cette position les renforts qui lui venaient du bas Rhin. Après l'arrivée de ces forces, il veut reprendre l'offensive, et espère forcer Moreau à repasser le Rhin ; mais ce général, devinant ses intentions, les prévient en l'attaquant le 9, au moment où il prenait ses dispositions de combat pour la journée du lendemain. La droite des Autrichiens s'étendait vers le Rhin du côté de Durmersheim ; leur gauche s'appuyait au Rothensol.

Moreau refuse sa gauche pour attaquer et tourner celle de l'ennemi. C'est au général Saint-Cyr qu'incombe l'honneur d'exécuter ce mouvement ; il doit enlever le plateau du Rothensol, le plus élevé des Montagnes noires.

Prise du Rothensol. — Six bataillons d'infanterie, quatre escadrons et une nombreuse artillerie, défendent cette position importante ; l'attaquer de front serait s'exposer à de bien grandes pertes, sans aucune certitude de réussir. Aussi Saint-Cyr renonce-t-il à un moyen aussi hasardeux pour recourir à une ruse.

Le Rothensol fut attaqué par un bataillon de la 93° demi-brigade, soutenu par ses deux autres bataillons. Ce bataillon, repoussé chaque fois qu'il tentait une attaque, était refoulé jusqu'au pied de la montagne et aussitôt ramené à une nouvelle attaque pour être encore refoulé et poursuivi. Cette poursuite des Autrichiens se faisait à chaque tentative des Français avec un peu plus d'abandon et de désordre; aussi lorsque après la quatrième attaque le général Saint-Cyr lança les 106° et 109° demi-brigades commandées par l'intrépide Lecourbe contre les Autrichiens, effectuant une poursuite désordonnée, ces derniers furent aussitôt arrêtés, refoulés et suivis la baïonnette dans les reins, jusque sur le plateau, où Français et Autrichiens arrivèrent en même temps. Là nos ennemis, terrifiés d'une attaque aussi imprévue, cherchèrent leur salut dans une fuite précipitée, et laissèrent notre brave brigade en possession du Rothensol, de toute son artillerie et de plus de 1,000 prisonniers.

Cependant il n'y avait eu sur notre gauche aucun succès décisif; chacune des deux armées qui luttaient à hauteur d'Ettlingen conserva son champ de bataille. Dans la soirée, le prince Charles, apprenant la perte du Rothensol, et voyant par suite son flanc gauche entièrement découvert, se retira dans la nuit sur Durlach et Carlsruhe, ne laissant à Ettlingen qu'une arrière-garde.

C'est donc à la 106ᵉ demi-brigade que revient en grande partie l'honneur de ce que l'on a désigné dans l'histoire sous le nom de journée d'Ettlingen.

Au moment où Moreau luttait ainsi contre le prince Charles, l'armée de Sambre-et-Meuse obtenait de brillants succès, et se portait rapidement jusqu'aux bords du Mein. Aussi l'ennemi, voyant la position sur le Rhin de plus en plus compromise, se décide à la retraite, et marche sur le Danube pour y concentrer ses forces. Le 21 juillet, il avait établi sa gauche sur la rive droite du Necker entre Canstadt et Esslingen. Moreau donne l'ordre à notre droite (Gouvion Saint-Cyr) de l'en déloger. Les avant-gardes impériales occupent encore la rive gauche de la rivière. La division Taponnier s'élance, enlève les faubourgs de Canstadt et de Berg, et chasse l'ennemi avec une telle vivacité qu'il oublie de couper les ponts. Malheureusement cette brillante attaque ne fut qu'une opération isolée dont on ne put tirer aucun profit, par suite de l'éloignement du reste de l'armée; on dut se résoudre à abandonner ce que l'on avait si brillamment acquis. Après Canstadt, Impériaux et Français continuent leur marche. L'archiduc Charles, arrivé sur la rive gauche du Danube, veut tenter encore une fois le sort des armes, avant de traverser le fleuve, et va attaquer Moreau dans la position de Neresheim (11 août 1796) sur le versant est des Alpes de la Souabe.

Neresheim (11 août 1796). — Dans cette bataille, dont l'issue fut incertaine, l'archiduc Charles, voulant s'emparer du village de Dunselchingen, y fit mettre le feu par des obus, et essaya de profiter du premier moment de désordre occasionné par l'incendie pour y pénétrer et pour occuper en même temps la hauteur de Baremberg, position très-importante. Quatre demi-brigades, dont la 106°, lui opposèrent une résistance opiniâtre et le forcèrent à renoncer à son projet.

Après la bataille de Neresheim, l'armée autrichienne continue son mouvement de retraite et traverse le Danube. Moreau effectue aussitôt le même mouvement et franchit le fleuve à Dillingen le 19 août. La division Taponnier le traverse à Hochstedt. L'armée française se porte de là sur la Suzam pour marcher sur Munich.

Cependant Jourdan, après avoir laissé 25,000 hommes pour bloquer Mayence, marche victorieusement sur le Mein par Francfort, Vurtzbourg et Bamberg, débouche sur la Naab, s'empare d'Amberg, et dirige une division sur sa droite, pour se relier avec Moreau.

En présence du danger qui augmentait sans cesse, par suite de la concentration de nos armées de Sambre-et-Meuse et de Rhin-et-Moselle qui étaient sur le point de se réunir, le prince Charles exécuta un mouvement audacieux, plusieurs fois opéré par Bonaparte dans cette même année de 1796. Il ne laissa en face de Moreau, dans sa position de la Suzam, qu'une faible portion de ses troupes, 36,000 hommes environ, et avec le reste il marche sur la Naab pour rejoindre Wartensleben qui est opposé à Jourdan.

L'armée de Sambre-et-Meuse, en présence de forces aussi supérieures, bat en retraite. Elle combat sans cesse depuis Amberg jusqu'à Wurtzbourg. Arrivée à ce point, Jourdan livre une grande bataille, est vaincu, rejeté sur la Lahn et forcé de repasser le Rhin.

Ce n'est qu'une fois sur la Suzam que Moreau connut le départ de l'archiduc. La situation de son armée devenait fort délicate par suite de ce mouvement. Il devait donc y chercher un prompt remède. Déjà, obligé d'envoyer de forts détachements à Bonaparte, Moreau ne peut opérer sur sa gauche. Cependant, le seul moyen d'empêcher que Jourdan fût battu était de voler à son secours, par Donauwerth et Eichstœdt. Moreau se décide, au contraire, à pénétrer en Bavière, espérant faire ainsi revenir l'archiduc sur ses pas. Le prince Charles, heureux de ce mouvement, qui met Moreau en présence de Latour, continue ses opérations contre Jourdan et remporte, comme nous venons de le voir, la victoire de Wurtzbourg.

Le 22 août, l'armée de Moreau s'avance sur les hauteurs de Steppach. Le 24, elle franchit le Lech, le corps de Saint-Cyr à Lechaussen et remporte sur Latour la victoire de Friedberg. Le général autrichien va prendre position sur l'Ammer; Moreau, au contraire, reste dans l'inaction à Friedberg et laisse Latour continuer son mouvement de retraite sur l'Isar, où il rallie toutes ses troupes, et les dispose de la manière suivante : sa gauche à Kirchkudingen, le centre à Riem et la droite à Landshut, gardant ainsi tous les points qui peuvent assurer ses mouvements sur l'une ou l'autre rive.

Latour, une fois tranquille sur sa position, va marcher par sa droite, par la vallée du Danube, à la rencontre des forces que l'archiduc, sous le commandement de Nauendorff, fait arriver par Ratisbonne. Il repasse sur la gauche de l'Isar, avec une partie de son armée, longeant le front des Français, fait sa jonction avec Nauendorff, entre Siegensburg et Neustadt, et, malgré la hardiesse de ce mouvement, va se placer dans l'angle formé par le Danube et l'Isar, d'où il attaque aussitôt l'aile gauche de notre armée.

Une attaque de l'ennemi sur le corps Desaix qui était à notre gauche fit croire que ce mouvement offensif n'était effectué que pour détourner notre attention du mouvement principal. Cette erreur de Moreau sauva une bonne partie de l'armée de Latour, qu'il eût été si facile de détruire dans la position malheureuse que ce général avait choisie.

Le centre de l'armée française, et par conséquent la 106ᵉ demi-brigade, ne prirent pas part au combat de Lagenbruck.

Moreau veut alors repasser l'Isar; mais, comme l'ennemi occupe tous les ponts qui n'ont pas été détruits, il charge Saint-Cyr d'enlever celui de Freysingen et de rejeter l'ennemi sur la rive droite du fleuve. Cette attaque s'effectue de la manière la plus brillante; les Autrichiens, entièrement repoussés, fuient dans la direction d'Erding; mais le mouvement général de l'armée ne s'effectua pas, par suite d'un contre-ordre donné par le général en chef Moreau, qui, étant sans aucune nouvelle de Jourdan, concevait des craintes sérieuses sur le sort de son armée, et n'osa continuer son mouvement en avant. Gêné d'ailleurs par les ordres du gouvernement, il ne sut prendre que des demi-mesures, et détacha Desaix avec une partie de ses troupes sur Nuremberg, pour essayer de communiquer avec l'armée de Sambre-et-Meuse. Dans ce but, son aile gauche vint passer le Danube à Neubourg, le 17 décembre, et marcha sur Eichstœdt. Saint-Cyr passa sur la rive gauche et prit la position de Unterstadt; Ferino, avec l'aile droite, se replia derrière la Paar, vers Frieberg. L'ennemi, qui a suivi notre mouvement, attaque notre gauche, mais est entièrement repoussé.

Retraite de Moreau. — Moreau reçoit à ce moment de mauvaises nouvelles de l'armée de Jourdan; il rappelle aussitôt Desaix, et se trouvant de plus en plus isolé en Bavière, craignant d'ailleurs que, dans le cas où l'archiduc Charles serait vainqueur, il ne vienne sur ses derrières pour lui couper la retraite, il se décide à se rapprocher de la France. Ici commence, le 20 septembre, cette fameuse retraite de Trente-six jours, qui assure à Moreau l'un des premiers rangs parmi les grandes réputations militaires.

Avant de décrire cette retraite, étudions les troupes qui sont opposées à Moreau, leur but, leur force et leur projet.

Fröhnlich, avec 15,000 hommes, défend le Tyrol, où Wurmser prépare sa seconde entrée en Italie. Latour, avec 15,000 à 16,000 hommes, est placé sur l'Isar, pour protéger les frontières de l'Autriche; Nauendorff occupe le Danube avec 10,000 hommes et garde les derrières du prince Charles, qui avec son armée manœuvre contre Jourdan pour le refouler et tomber sur les derrières de l'armée de Rhin-et-Moselle dont il veut couper la retraite. A ces 40,000 hommes, Moreau n'oppose que 64,000 hommes. Il concentre aussitôt son armée sur le Lech, pour se porter en arrière de la Schutter, où il prend position le 20 septembre; le 21, derrière la Mindon.

Le 22, il se porte sur la Güntz, la droite à Weitenweiller, la gauche au Danube, ses avant-postes sur la Suzam.

Le 23, sur la Roth.

Le 24, le centre passe l'Iller.

Le 25, le centre se prolonge jusqu'à Wiblingen, Desaix traverse Ulm, et établit son corps d'armée sur la rive droite de la Blau. On se canonne dans cette position avec le corps de Nauendorff qui essaye d'incendier la ville d'Ulm.

Le 26, l'armée reste dans cette position; l'ennemi s'est rapproché. Latour et Nauendorff se sont réunis et menacent de nous attaquer. Moreau s'est arrêté pour recevoir la bataille.

Le 27, le centre prend position entre la Rottim et la Riss, la droite à Heggbach et la gauche en avant de Balstringen.

Le 28, nouvelle position, le centre en arrière de Biberach, la droite à la Riss près de Risseg, et la gauche à Guthartshoffen.

Le 29, un combat s'engage en arrière des marais

du lac Fœdersée, la droite sur les hauteurs en arrière de Schussenried, la gauche à Buchau.

Les Autrichiens suivent pas à pas tous les mouvements de l'armée française.

Le 30, le général Latour pousse son avant-garde par Steinhausen jusqu'à Schussenried, où s'engage un combat assez vif. Saint-Cyr soutient l'avant-garde avec son corps de bataille, et l'attaque s'étend à toute la ligne. Desaix et Ferino sont aussi attaqués; mais l'ennemi est partout repoussé. Après ce combat, les Impériaux sont placés de la manière suivante : Baillet, 5,000 hommes, à Steinhausen; Mercantin et Condé, 10,000 hommes, à Holzreuthe; ils constituent l'aile gauche; Hospath, 6,000 hommes, à droite de Schaflangen; 2,000 hommes en réserve sous Latour occupant les hauteurs de Groth. Nauendorff est seul vers Tubingen.

Jamais l'armée de Moreau n'avait été dans une position aussi difficile. Elle était menacée par plusieurs corps qui heureusement n'avaient aucune communication entre eux. Moreau songe aussitôt à les attaquer isolément et à combattre d'abord Latour qui le serrait de plus près.

Bataille de Biberach (28 octobre). — Saint-Cyr, avec le centre et la réserve, est chargé de déloger Latour des positions de Steinhausen et de Holzreuthe et de le repousser jusqu'à Biberach, pendant que Desaix attaque sa droite de l'autre côté du lac Fœdersée.

Les attaques de Saint-Cyr commencent à 7 heures

du matin. La 106ᵉ demi-brigade, appuyée par la 100ᵉ, force l'infanterie autrichienne dans les bois de Steinhausen. La cavalerie vient au secours de l'infanterie autrichienne et charge jusque dans le village. Les grenadiers de la 106ᵉ et le 9ᵉ régiment de hussards la repoussent, et le corps de Baillet est forcé de se retirer sur Groth. Malheureusement le général Saint-Cyr reçoit un rapport qui lui annonce qu'une colonne ennemie débouche par Michelswand; il s'arrête aussitôt dans son mouvement en avant et se contente de couronner les hauteurs, d'où il canonne Groth.

Pendant ce temps, Desaix remporte un succès sur notre gauche, et Latour s'empresse de faire filer ses parcs de Groth sur Umendorff pour pouvoir se replier plus facilement derrière la Riss.

Saint-Cyr, revenu de son erreur, lance les 84ᵉ et 106ᵉ demi-brigades à l'attaque de Groth. Latour se retire aussitôt et rencontre dans sa marche en retraite le corps de Desaix qui par un mouvement tournant était venu se placer sur les derrières de l'ennemi, à cheval sur la route de Biberach. La moitié de la colonne autrichienne est sauvée à grand'peine; le reste est entièrement dispersé, et une grande partie tombe au pouvoir des Français.

Le résultat de cette journée est dû au corps du général Gouvion Saint-Cyr, et en particulier à l'énergie que déploya la 106ᵉ demi-brigade dans les deux grandes attaques qu'elle eut à effectuer.

L'ennemi nous laissa 18 pièces de canon, 2 drapeaux et plus de 4,000 prisonniers.

Cette victoire de Biberach n'avait pas fait disparaître tout danger pour l'armée de Moreau ; car, au moment où Latour était accablé, Nauendorff avait marché sur Hechingen et s'était réuni à Pétrasch. Cette nouvelle petite armée de 20,000 hommes était suffisante pour retarder notre marche jusqu'à l'arrivée du prince Charles sur la Renchen ; d'autant plus que Moreau savait que l'armée de ce général remontait le Rhin pour se réunir à celle de Latour. Aussi le général en chef de l'armée française, au lieu de se diriger sur Strasbourg, qui est trop près du prince Charles, marche sur Fribourg par le Val-d'Enfer. Le gros de l'armée passe le Danube à Riedlingen et se porte sur Friedingen et Stockach. Le centre est destiné à forcer le passage, la droite tient tête à Latour, la gauche contient Nauendorff près de Rothweil.

Le général Saint-Cyr entre à Fribourg sans résistance, et l'armée entière traverse le Val-d'Enfer sans être attaquée. Aussitôt, Moreau, croyant ses communications établies par la vallée du Rhin, veut se rendre à Kehl ; mais il apprend que toute l'armée allemande est réunie ; il renonce à son premier projet, et remonte le Rhin pour traverser le fleuve à la hauteur de Huningue.

Combat d'Emmendingen (19 octobre). — Après une lutte acharnée qui a duré toute la journée, l'armée française conserve ses positions derrière l'Elz, la droite à l'entrée de la gorge de Waldkirch, la gauche à Riegel. La 106ᵉ demi-brigade n'a eu aucun rôle particulier dans ce combat, mais c'est dans la relation qui en est faite par le général Gouvion Saint-Cyr que l'on trouve son opinion sur la brigade Lecourbe, dont la 106e faisait partie, et qu'il qualifie de la meilleure brigade de son corps d'armée.

Les résultats heureux du combat d'Emmendingen furent d'avoir mis Moreau dans la nécessité de concentrer son armée qui jusqu'à ce moment occupait un espace beaucoup trop étendu pour pouvoir résister aux attaques des Impériaux. A présent, au contraire, il se trouve en mesure de donner ou de recevoir une bataille.

Malheureusement Moreau ne tira pas tout le parti possible de la situation, parce qu'il ne connaissait que très-imparfaitement les forces de l'archiduc qu'il avait en face de lui et qu'il les supposait de beaucoup supérieures à ce qu'elles étaient en réalité.

Le 20 octobre, l'archiduc Charles passe l'Elz à Emmendingen, et débouche sur le centre de l'armée française. Moreau fait un mouvement de retraite et ordonne le lendemain à son aile gauche de repasser le Rhin à Brisach pour marcher sur Strasbourg et le camp retranché de Menhein qu'elle doit enlever. Par ce mouvement, l'ennemi sera forcé de rompre le pont, et la libre possession du Palatinat sera assurée à la France.

Les deux corps qui nous restaient sur la rive droite continuèrent le lendemain leur mouvement de retraite, traversèrent la ville de Fribourg, et s'engagèrent sur la route d'Huningue.

Le 22, l'armée prit la position de Schliengen, et

Moreau, se proposant d'y livrer bataille, fit filer ses bagages sur Huningue. Le 24, l'archiduc l'attaquait dans cette position.

Bataille de Schliengen (22 octobre 1796). — Les ennemis, selon l'habitude du prince Charles, forment quatre colonnes d'attaque commandées par le prince de Condé, Furstemberg, Latour et Nauendorff. Le général Ambert, qui avait remplacé Taponnier dans le commandement de la division dont la 106° faisait partie, repoussa avec la plus grande énergie quatre attaques successives des corps de Condé et de Furstemberg. La droite, sous le commandement de Férino, ne put arriver à un aussi heureux résultat, et Latour occupa le soir le village de Kandern. Malgré ce petit succès des Autrichiens sur notre droite, Moreau pouvait regarder sa position comme intacte. Cependant, le lendemain il continuait son mouvement de retraite et effectuait le 25 et le 26 le passage du Rhin par le pont d'Huningue. Les Autrichiens, heureux de nous voir abandonner la rive droite du Rhin, nous laissèrent tranquillement franchir le fleuve.

Ainsi se termine la retraite de Moreau commencée le 20 septembre à Pfaffenhoffen et finie le 26 octobre à Huningue. La 106° demi-brigade doit être fière d'avoir participé et même de s'être fait remarquer dans ce que l'on désigne comme la plus belle opération militaire de cette époque.

Aussitôt que notre armée eut repassé le Rhin, l'archiduc Charles laisse le prince de Furstemberg devant

la tête du pont d'Huningue et dirige le reste de ses
forces sur Kehl. La droite des Français, sous Férino,
couvre la première de ces deux villes, et le centre
est couvert par le général Saint-Cyr à Strasbourg.

Le cabinet de Vienne ordonne le siége de ces deux
villes, voulant ainsi enlever aux Français les ponts qui
leur permettaient de traverser le Rhin pour déboucher
en Allemagne.

La 106ᵉ demi-brigade faisant partie des troupes qui
ont défendu Kehl, nous ne nous occuperons dans cet
historique que de ce siége.

SIÈGE DE KEHL

Les deux généraux Gouvion Saint-Cyr et Desaix furent désignés pour commander alternativement la défense. Ils avaient sous leurs ordres 40 bataillons qui en fournissaient 18 de service journalier, savoir : 6 à Kehl, 3 au camp retranché et 3 sur la gauche, dans les îles de la Kintzig; plus 6 bataillons en réserve dans les îles du Rhin.

Ce fut vers la fin du mois d'octobre que l'armée autrichienne se trouva rassemblée devant le fort de Kehl sous le commandement de Latour.

Les Autrichiens employèrent tout le mois de novembre à élever les lignes de contrevallation; elles étaient formées de 15 grosses redoutes reliées entre elles par des courtines. Dans la nuit du 21 novembre, la tranchée fut ouverte au moment même où Moreau combinait à Strasbourg une grande sortie pour ruiner les travaux de l'ennemi. Cette sortie s'effectua le 22. Lecourbe, à la tête des 84e et 106e, débouche près du bonnet-de-prêtre d'Erlenrhin, attaque la gauche autrichienne, perce leur ligne, entre dans leur camp, s'empare de quatre de leurs redoutes et dirige sa troupe vers Rappenhof où se trouve le parc de siége des Prussiens. Malheureusement, ce mouvement avait été combiné avec d'autres attaques qui n'avaient point réussi. Lecourbe, isolé et forcé de battre en retraite, effectue son mouvement dans le plus grand ordre et en combattant.

Le cadre restreint de ce travail ne nous permet pas de signaler les détails de ce siége de Kehl, d'autant plus que la 106ᵉ, dans les diverses attaques que firent les Autrichiens, se trouva fractionnée avec toutes les autres demi-brigades. Qu'il nous suffise de dire que là, comme dans tous les faits de guerre où elle a eu l'honneur de porter son drapeau, elle s'est fait remarquer par son courage et sa discipline.

Jomini, dans sa relation du siége de Kehl, rend, d'ailleurs, à la 106ᵉ l'hommage qui lui est dû, dans la personne de son général de brigade Lecourbe qui trouve une place auprès des deux généraux en chef, Desaix et Saint-Cyr, dans l'honneur qui leur revient pour la belle défense de Kehl. Kehl fut évacué le 9 janvier 1797, par suite d'une convention. Les Français, en se retirant, emportèrent tout le matériel de guerre, et l'ennemi n'eut à s'emparer que d'un amas de décombres.

Après l'évacuation de Kehl, l'archiduc fit venir en Italie une partie de ses troupes; les autres furent disséminées sur la rive droite du Rhin, de Bâle à Dusseldorff. Latour conserva le commandement du haut Rhin jusqu'à Manheim, et fut par suite opposé à Moreau,

qui se trouvait sur la rive gauche du fleuve. L'armée
française avait pris ses cantonnements entre le Rhin
et les Vosges et était forte d'environ 60,000 combattants.

Passage du Rhin à Gambsheim. — Les deux armées
de Rhin-et-Moselle et Sambre-et-Meuse doivent traverser le Rhin et combiner entre elles leurs opérations.
Le passage du fleuve doit par conséquent être effectué
le même jour; mais Hoche, qui avait remplacé Jourdan dans l'armée de Sambre-et-Meuse, avait à sa dis-
position les deux ponts de Neuwied et de Dusseldorf;
Moreau, au contraire, n'en avait plus aucun.

Les fortifications accumulées par les Autrichiens à
Kehl empêchent Moreau de tenter le passage en face
de cette ville. Il choisit un point situé en avant de
Kilstett.

Les troupes cantonnées auprès de Strasbourg et destinées à la première attaque reçoivent l'ordre de se
rendre, sous divers prétextes, aux environs de Kilstett,
où une digue les masque aux yeux de l'ennemi. Dans
la nuit du 19 au 20 janvier, l'armée se met en mouvement sur la rive gauche du Rhin. Des circonstances
malheureuses retardent nos troupes jusqu'au jour, et
empêchent par suite de surprendre les Autrichiens.
Des trois points de débarquement que Moreau avait
choisis, un seul peut être abordé : c'est l'île des Gra-
viers, d'où le général Heudelet chasse les Croates.
Duhesme, qui traverse à sa suite, attaque le village
de Diersheim avec les bataillons de Davoust; il est

blessé et repoussé. Vandamme vient rétablir le combat. Le village reste aux Français, Vers 11 heures, les Autrichiens, ayant reçu des renforts, veulent nous culbuter; ils sont rejetés dans Honau et se tiennent désormais sur la défensive.

Les Impériaux reçoivent de nouvelles troupes, et Starray fait aussitôt une deuxième tentative pour enlever Diersheim qui est à moitié réduit en cendres et que les Français conservent malgré une lutte des plus acharnées.

Cependant les généraux Vandamme et Davoust s'emparent de Honau, et, malgré tous les obstacles, malgré le feu continu de l'ennemi, le pont est terminé à minuit.

Le lendemain matin, Starray, qui ignorait cette circonstance, veut avec des troupes fraîches enlever Honau et Diersheim. Les Autrichiens, protégés par leur artillerie, marchent contre nos troupes qui, amoncelées, perdent beaucoup de monde, et sont forcées d'abandonner la position. Un grand nombre de Français prend la fuite et se précipite sur le pont, lorsque Lecourbe, à la tête de sa brigade, va le franchir pour s'opposer à la marche victorieuse des Impériaux. Ce brave général, voyant nos soldats transformés en fuyards, essaye de les ramener au combat. Sur leur résistance il fait croiser la baïonnette à sa troupe et s'avance en colonne serrée, occupant toute la largeur du pont et jetant dans le Rhin tous ceux qui refusent de marcher à l'ennemi.

Par l'intervention énergique de cette brigade (84 et

106), un irréparable désastre fut évité. Diersheim fut repris par les Français, et ce nouveau succès détermina chez l'ennemi un mouvement de retraite qui se convertit bientôt en déroute. Le 17° dragons tourne le pont de la Kintzig, se fait ouvrir les portes de Kehl, et les Français, définitivement établis sur la rive droite du Rhin, reconstruisent aussitôt le pont de Strasbourg.

L'armée française prend la position suivante : la droite, entre Kehl et Neumühl; la gauche, à Bischoffsheim et Freystett, et l'avant-garde sur la Renchen, sous les ordres de Lecourbe.

Moreau profite de sa victoire pour poursuivre vivement les Autrichiens. Lecourbe, avec l'avant-garde, force le 22 avril le passage de la Renchen et poursuit les Autrichiens jusqu'à Lichtenau. C'est à ce moment que l'arrivée d'un courrier porteur des préliminaires de paix mit fin aux hostilités.

Armistice de Leoben (18 avril). — Par l'armistice de Leoben, du 18 avril, connu de Moreau le 23 mai, nous conservons la rive gauche du Rhin, et la Lombardie devient un État indépendant.

L'armée du Rhin-et-Moselle va prendre ses cantonnements en Alsace. La 106° fait partie de cette armée jusqu'au 10 mai 1798, époque où elle reçoit l'ordre de se rendre à Porentruy (nord de Berne). Pendant cette période, l'ancienne armée de Moreau prend des noms différents et change plusieurs fois de général en chef.

Nous allons donner rapidement les principaux de

ces changements. Le 29 septembre 1797, les armées de Sambre-et-Meuse et de Rhin-et-Moselle sont réunies sous le nom d'armée d'Allemagne et placées sous le commandement du général Augereau. Le 9 décembre 1797, l'armée d'Allemagne est divisée en deux parties : 1° armée de Mayence, général Hatry ; 2° armée du Rhin, général Augereau. La 106° fait partie de la première de ces deux armées; elle est comprise dans la division Châteauneuf-Randon, brigade Patel, et se trouve cantonnée dans les positions suivantes : 1er bataillon à Osthoffen ; 2° à Kirkenpoldan; 3° à Furfelden. Le dépôt à Nancy.

Par arrêté du 29 janvier 1798, l'armée de Mayence est supprimée; une partie des troupes qui la composent est concentrée dans le département du Mont-Terrible et forme plus tard l'armée d'Helvétie, désignée quelquefois sous le nom de l'armée de l'Erguel. Cette armée comprit également une division que le général Ménard conduisit d'Italie à l'armée d'Angleterre, et que l'on avait arrêtée dans le pays de Vaud.

Cette armée d'Helvétie, créée le 8 mars 1798, fut placée sous le commandement du général Brune jusqu'au 27 du même mois, époque où Schauenbourg en prit la direction. Le 2 octobre, ce général fut lui-même remplacé par Massena.

CAMPAGNE D'HELVÉTIE

Après Campo-Formio, la France et l'Autriche ont également besoin de la paix. Mais la politique altière du Directoire traite ses alliés comme des sujets; partout ses émissaires veulent soulever les peuples contre leur gouvernement. Ce n'était pas assez d'avoir donné à la France des frontières naturelles; les directeurs veulent encore former une ligne d'États intermédiaires qui puissent éloigner les ennemis. Nos victoires avaient à droite érigé les républiques ligurienne et cisalpine, à gauche la république batave; il leur manquait donc la Suisse pour arriver au but qu'ils se proposaient. Le mécontentement qu'occasionna une telle conduite ne se fit pas attendre; ce fut la cause de la campagne d'Helvétie, qui entraîna à sa suite la deuxième coalition formée contre la France.

Le prétexte de cette guerre fut fourni par les Vaudois qui, exaltés par les idées françaises, demandent leur indépendance à la ville de Berne, dont ils étaient les sujets. Berne les considère comme des rebelles, et punit du fer ou du bannissement ceux qui ont osé demander des droits politiques. D'anciens traités plaçaient les Vaudois sous la protection de la France; ils invoquent ces traités, et le Directoire, qui voit dans Berne et dans son sénat des ennemis acharnés contre notre révolution, s'empresse d'envoyer une armée au secours des Vaudois.

Une division de l'armée du Rhin prend possession de l'Erguel et des vallées de Saint-Imier et de Moutiers; une seconde division (Ménard), venue de l'armée d'Italie, traverse la Savoie et va établir son quartier général à Ferney-Voltaire.

Dès l'arrivée des troupes françaises, les Vaudois proclament leur indépendance. Les campagnes de Bâle et d'Argovie suivent cet exemple; Zurich, Lucerne et Schaffouse font aussi leur révolution démocratique. Les Bernois réunissent leurs montagnards sous les ordres du colonel Weiss, et se portent à la rencontre des Français, pendant que leur sénat fait des tentatives de conciliation auprès du Directoire. Les Français répondent par des exigences tellement inacceptables, que les Suisses se décident à la guerre. 25,000 Suisses, sous les ordres du général d'Erlach et divisés en trois divisions, vont prendre les positions suivantes : 1° Andermatt, entre Fribourg et le lac Morat; 2° Graffenried, entre la ville de Buren et la rivière de Thiele; 3° le colonel Watteville, de cette rivière à Soleure.

Brune, qui a pris le commandement de l'armée française à la place de Ménard, concentre ses troupes sur la frontière de Fribourg et du pays de Vaud. Son quartier général est à Payerne; il va attaquer par le sud de Berne, pendant que la division de l'armée du Rhin, sous les ordres de Schauenbourg, attaque par le nord. La 106ᵉ demi-brigade fait partie de cette division.

Prise de Berne (2 mars). — Par la victoire de Morat, Brune refoule les Suisses dans Berne, Schauenbourg les bat à Soleure et les repousse dans la même ville. Les Suisses s'y défendent avec opiniâtreté; mais Berne, prise par Schauenbourg, est livrée au pillage. L'aristocratie abdique ses pouvoirs. Une diète, assemblée à Aarau, donne à la Suisse une constitution unitaire, et le 12 avril 1798 la république helvétique est proclamée.

Les troupes françaises sont cantonnées en Suisse. La 106ᵉ occupe Berne, Soleure et Fribourg (25 mai). Schauenbourg, qui a pris le commandement de l'armée, organise un camp d'instruction entre les routes de Soleure et de Burgendorff, et y appelle aussitôt la division formée des 44ᵉ, 106ᵉ et 109ᵉ demi-brigades et de la 14ᵉ légère. Le 4ᵉ bataillon de la 106ᵉ, dit bataillon de garnison, se trouve en ce moment à Schaffouse.

Cependant le proconsul Rapinat exerçait de grandes déprédations dans la république helvétique. Après celle de Berne, ce furent les caisses de Zurich dont il s'empara. Ces procédés et les impôts qu'occasionnait le cantonnement de 40,000 hommes, avaient refroidi le zèle des uns et augmenté l'exaspération des autres. On se plaignait avec amertume à Schauenbourg, qui n'en tenait aucun compte. A ce moment, les petits cantons refusèrent le serment de fidélité; le canton d'Unterwalden se faisait surtout remarquer par son exaltation. Schauenbourg se rend à Lucerne pour en imposer et essaye des négociations; mais, n'ayant pu réussir, il veut étouffer ce germe de résistance, et dirige aussitôt deux colonnes sur le canton d'Unter-walden.

La vallée d'Unterwalden est limitée par le mont Brunig du côté de l'Oberland et par le lac de Lucerne du côté du nord. La colonne partie de Thun débarque à Brienz, gravit le sentier de Brunig et descend sur Saxelen. La seconde colonne, dont fait partie la 106ᵉ, s'embarque à Lucerne et se présente à Stanzstadt. Les Suisses se défendent d'une manière héroïque. Vieillards, femmes et enfants, tous prennent part à cette lutte désespérée qui dura deux jours. Les Français, vainqueurs, et exaspérés des pertes nombreuses qu'ils ont éprouvées, incendient la ville et massacrent tout jusqu'à la vallée d'Engelberg. En présence de cette scène de carnage, les cantons de Schwitz et d'Uri prêtent le serment; mais ils n'en sont pas moins sous le coup de mille vexations.

Les Grisons, voyant la situation faite aux autres cantons et voulant se soustraire à un sort semblable, appellent les Autrichiens à leur secours. Le 19 octobre 1798, une division autrichienne entre à Coire.

Pendant ce temps avait lieu le congrès de Rastadt. Les événements qui viennent d'être racontés ralentirent les négociations et en occasionnèrent le dénoûment tragique. La guerre avec l'Autriche est déclarée; la deuxième coalition s'organise contre la France, et l'armée d'Helvétie est soumise au plan de campagne adopté par le Directoire. Massena, qui vient d'en prendre le commandement, envahit le pays des Grisons et détruit la division ennemie qui s'était installée à Coire, mais il échoue devant Feldkirch qu'il essaye d'enlever.

Le général Bellegarde débouche du Tyrol avec des forces considérables, et attaque les Français dans les Grisons. Massena est forcé de se retirer derrière le Rhin, puis sur la Thur, où il espère tenir tête aux Impériaux, en concentrant toutes les troupes françaises en Helvétie. Il lutte avantageusement à Frauenfeld, et se trouve quand même forcé de se retirer à Zurich. Les Autrichiens le suivent pied à pied, attaquent la ville et nous forcent à nous replier sur l'Albis. Massena appuye sa gauche au Rhin, la division Thurreau derrière l'Aar, le centre campé sur les bords de l'Albis, la droite se prolonge jusqu'à Zug. Nos avant-postes occupent les villages de Schlieren, Altstetten et Albisrieden, et bordent toute la rive gauche de la Limat.

Combat d'Albisrieden (21 prairial). — Nous reproduisons textuellement la lettre de Massena sur ce combat :

« L'ennemi a attaqué avec des forces supérieures

« nos positions en avant de Brengarten. Après la plus
« vigoureuse résistance, nos postes ont été forcés de
« se replier. L'ennemi s'est emparé du village d'Albis-
« rieden, et il gagnait déjà la hauteur en arrière de ce
« village lorsque le général Soult a donné l'ordre de
« marcher aux trois bataillons de la 106°. Ces batail-
« lons se sont précipités dans les rangs ennemis au
« pas de charge, et avec une intrépidité au-dessus de
« tout éloge ; en un instant ils ont fait changer la face
« des choses. Les ennemis ont été culbutés sur tous
« les points, et nos positions reprises. »

Massena reçoit du Directoire l'ordre de prendre l'offensive ; il demeure quand même stationnaire sur l'Albis jusqu'au milieu du mois d'août. Les cantons sont
occupés par les deux armées belligérantes. Le gouvernement français, qui reçoit les plaintes des Suisses
à ce sujet, ordonne de nouveau à Massena de prendre
l'offensive. Le général, informé de l'approche de
30,000 Russes qui s'avançaient contre lui, sous les
ordres de Korsakoff, accède aux vœux du gouvernement et marche contre l'archiduc pour le combattre
avant l'arrivée de ce secours. Il enlève les petits
cantons, le Saint-Gothard et le Simplon par l'aile
droite de son armée commandée par Lecourbe. Aussitôt les Autrichiens poussent leurs troupes légères sur
le lac d'Egeri, par le chemin de Morgarten ; leurs
avant-postes sont placés à Richtenschweil et Einsie-
deln ; la deuxième colonne à Glaris et à Schwitz, la
troisième dans la vallée de la Reuss (12 juin 1799). A
partir de ce moment, les deux armées, placées dans des

positions à peu près parallèles, se tiennent sur une
défensive absolue. L'archiduc, qui attend l'arrivée des
Russes, se borne à élever des batteries sur la rive
droite de la Limat. Pendant que les deux armées sont
en présence, la brigade Ristrr, dont fait partie la 106ᵉ,
est envoyée à l'armée d'Italie qui commence ses
opérations.

CAMPAGNE D'ITALIE

Général en chef : général Scherer.

Aile gauche : général Scherer.

2ᵉ division : général Grenier.

2ᵉ brigade : 106ᵉ demi-brigade.

Le général Scherer forme son armée sur le Mincio, et laisse de faibles garnisons dans le Ferrarais et le Bolonais, où les débordements du Pô rendaient pour le moment toute lutte impossible. Les montagnes du Brescian et du Bergamasc étant couvertes de neige, il plaça seulement quatre bataillons dans le chef-lieu de ces provinces pour surveiller les débouchés de la Valteline.

Kray, qui commandait momentanément l'armée autrichienne, la rassemble entre l'Adige, Padoue et Vicence. 8,000 hommes occupent le camp retranché de Pastrengo, 20,000 se placent en avant de Vérone, 20,000 près de Bévilacqua.

Scherer vient asseoir son camp le 21 mars en face

de l'armée autrichienne, la gauche à Peschiera, la droite vers Sanguinetto, sur la route de Legnago.

Avant de parler des opérations militaires, et sans vouloir donner une description de la ligne de l'Adige qui est en général fort connue, rappelons que les châteaux de Vérone sont adossés à des montagnes à pic, qui se rattachent au mont Molare, et qu'une armée ne peut passer du pays vénitien dans le Tyrol et dans la vallée de l'Adige sans traverser cette ville ou sans rétrograder par Bassano dans les gorges de la Brenta. Vérone, partagée par l'Adige, était à l'abri d'un coup de main et donnait quatre ponts sur ce fleuve. Legnago, à 10 lieues plus bas, a également une bonne tête de pont. Nous n'avons pas besoin de faire ressortir tous les avantages qu'une telle position donnait aux Autrichiens.

En présence d'une telle situation, il importait d'assurer à l'armée française un premier succès; aussi, Scherer ayant, sur de faux avis, supposé le gros des troupes ennemies entre Vérone et le lac de Garde, se décide à attaquer cette position et veut franchir le fleuve après avoir refoulé l'ennemi. Par son ordre, la division Serurier, côtoyant les bords du lac de Garde jusqu'à Lacise, descend par la route de Bardolino sur Incassi, pour agir de concert avec la deuxième division Delmas, qui marche de Campara à Campo-Reggio. La division Grenier se dirige sur Bussolengo pour joindre ses efforts à ceux des deux autres, et refouler les Autrichiens au-delà des hauteurs de la Corona. Pendant ce temps, Moreau, avec le centre droit, inquiète

Vérone en faisant une fausse attaque sur Legnago et Montrichard, avec sa droite s'avance vers le Nord en remontant le cours de l'Adige, déploie ses troupes de manière à masquer Badia où il jette un pont sur le fleuve.

Kray, au premier avis du mouvement des Français, s'imagine que l'on veut enlever Vérone, et cherche à concentrer ses forces contre Moreau, tout en faisant une tentative pour tourner notre droite.

Le mouvement de Serurier réussit parfaitement par suite de la bonne volonté que Kray avait mise à dégarnir son flanc droit.

Combat de Pastrengo. — Cependant Delmas attaque le camp de Pastrengo ; l'avant-garde du général Grandjean enlève le village, mais la brigade Dalesme éprouve une insurmontable résistance.

Une mêlée complète s'engage, et Delmas, malgré toute son énergie, allait battre en retraite, quand arrive Grenier à la tête de sa deuxième brigade. La 106ᵉ aussitôt engagée se précipite sur les Autrichiens, les force à la retraite et les poursuit la baïonnette dans les reins jusqu'au pont de Polo, que, dans leur fuite précipitée, ils eurent les plus grandes peines à faire sauter.

Le centre (Moreau) remporta également un succès marqué, mais sa droite, qui, par suite du mouvement tournant que se proposait Kray, eut à lutter contre la majeure partie des forces autrichiennes, fut repoussée et fit échouer tout le plan de Scherer. L'armée française, après la bataille de Pastrengo, prit les positions suivantes :

La gauche :

Serurier à Rivoli.

Delmas à Polo.

Grenier sur les hauteurs de Pastrengo.

Le centre, le long du rideau qui commande les hauteurs de Vérone.

La droite, derrière Torre, sur la route de Mantoue.

Par suite d'ordres du général en chef, les deux divisions Victor et Grenier forment, à partir du 1ᵉʳ avril 1799, l'aile droite de l'armée.

Bataille de Magnano ou de Vérone (5 avril 1799). — Depuis la bataille de Pastrengo les deux armées se sont observées, et ont pris diverses positions. Le 4 avril, l'armée autrichienne a sa droite au lac de Garda, son centre à Vérone, sa gauche à Porto-Legnano. Elle passe l'Adige par sa droite, et s'approche de l'aile gauche de Scherer en masquant le lac et la place de Peschiera.

Le général français, qui cherche toujours à passer le fleuve, porte sa droite à Porto-Legnano, et place le reste de son armée à Magnano.

Le 5 avril, l'armée française forme trois colonnes : 1ᵉ droite, Victor et Grenier; 2ᵉ centre, Moreau, avec les trois divisions Delmas, Hatry et Montrichard; 3ᵉ gauche, Serurier.

Par la gauche et le centre, qui, comme nous l'avons dit, se trouvent réunis à Magnano, Scherer veut forcer le centre ennemi et se rabattre ensuite sur ses deux ailes.

Ce projet était connu du général autrichien, par suite d'une lettre adressée à Moreau, qui était tombée en son pouvoir; aussi Kray forme également trois colonnes qui s'avancent à la rencontre des nôtres.

Avant de nous occuper de la colonne de droite dont la 106ᵉ fait partie, disons rapidement que Moreau pousse l'ennemi dans les murs de Vérone, mais ne peut y pénétrer, et que Serurier, après plusieurs alternatives, reste maître du village de Villa-Franca.

La colonne de droite (Victor et Grenier) rencontre le corps de Mercantin entre Raldon et San-Giovani-Lupatolo. Le régiment Warstensleben est presque détruit; celui de Preiss qui lui succède perd deux pièces de canon et est mis en déroute. Alors Mercantin avance à la tête des chevau-légers de Levenehr; mais la cavalerie française lui fait rebrousser chemin dans le plus grand désordre. Le général autrichien cherche à rallier ses troupes; il est mortellement blessé, et sa chute détermine la fuite de son armée. Les deux braves divisions marchent alors sur San-Giovani et Tomba.

A la nouvelle de la défaite de Mercantin, Kray se porte à la gauche avec toute la réserve (Frœlich); Victor et Grenier, déjà arrêtés par des bataillons de renfort sortis de Vérone, ont encore à lutter contre ces nouvelles troupes pourvues de deux batteries de gros calibre. Ils essayent de se rapprocher pour combiner leur défense; mais Victor, chargé par deux régiments, est coupé de la division Grenier qui défend le village de San-Giovani que nous avions enlevé.

Scherer, à qui Grenier fait demander des secours, donne un ordre impossible à réaliser; et cette division qui s'était battue toute la journée, et avait perdu le quart de son effectif, est écrasée par 15,000 hommes de troupes fraîches.

Grenier, voulant défendre San-Giovani jusqu'au dernier moment, et attendant toujours les secours qu'il avait demandés, est forcé de battre en retraite. Une partie de son arrière-garde, coupée de la division, tombe au pouvoir de l'ennemi. Le général effectue alors une marche précipitée sur Bagnolo et rallie ses troupes derrière le canal qui est à côté de ce point, puis reprend sa marche sur Villa-Fontana qui est occupé par une colonne autrichienne. Le débris de la division française se fait jour à la baïonnette ; mais cette dernière lutte achève d'épuiser les forces de nos soldats, qui eurent la plus grande peine à gagner la rive du Tartaro.

Scherer se retire le 6 avril sur la Molinella, canal qui sort du Mincio et va se jeter dans le Tartaro. Le 7, il établit son quartier général à Mantoue. L'armée passe le Mincio à Goïto et à Pozzolo. Au lieu de se tenir derrière cette rivière, où il était appuyé sur les places de Peschiera et Mantoue, Scherer continue sa retraite le 12 pour aller prendre position derrière l'Adda.

A ce moment arrive Souwaroff, avec 80,000 Russes; ce barbare fameux par ses victoires sur les Turcs, ce dompteur des Polonais encore tout sanglant du massacre de Praga, s'annonce comme destiné à délivrer l'Italie des athées. Ses paroles agitent profondément cette contrée, lasse de la domination et de l'impiété des Français. Les insurrections éclatent de toutes parts dans le royaume de Naples, l'État romain et le Piémont. Souwaroff réunit sous son commandement les Autrichiens et les Russes, et marche sur l'Adda.

L'armée française occupait les positions suivantes : la division Grenier à Cassano; Serurier à Lecco; Moreau à Lodi; à droite le corps léger de Montrichard et celui de Lemoine; à gauche Freyssinet, avec quatre bataillons. On voit que Scherer, dont l'armée a un effectif maximum de 38,000 hommes et qui se trouve en face de plus de 50,000 ennemis, a étendu sa troupe depuis la Valteline jusqu'à Plaisance.

Moreau remplace Scherer (26 avril). — C'est dans cette situation que Moreau remplace Scherer et accepte avec un dévouement tout patriotique une défaite à peu près certaine. Son premier soin fut de concentrer son armée pour s'opposer au passage de l'Adda. Malheureusement, les événements le surprirent dans l'exécution de ce projet.

Bataille de Cassano (27 avril 1799). — Dès le 26 au soir, les Austro-Russes réussirent à jeter un pont à Trezzo. Le 27, à la pointe du jour, la division Grenier marche sur Vaprio, où se trouvent déjà les Autrichiens. Le combat s'engage avec la plus grande violence et des alternatives diverses.

Grenier restait cependant maître de Vaprio quand

les alliés, renforcés de la brigade Morzin, renouvellent leurs attaques et enlèvent définitivement ce village. La 106e, qui formait la droite de cette division, tint la colonne de Melas en échec pendant cinq heures, derrière le canal de Ritorto, et n'abandonna sa position qu'après avoir été écrasée par le feu de trente pièces de canon. Elle se retira derrière la tête de pont de Cassano, où, renforcée par la division Victor, elle soutint victorieusement un premier choc; mais Melas fait aussitôt passer le canal à toute sa colonne et attaque les retranchements. Les Français ne peuvent les défendre contre des forces aussi supérieures; ils battent en retraite, traversent le pont et le brûlent pour arrêter la marche de l'ennemi.

La division Grenier, affaiblie de 2,400 hommes, se réunit à Inzago, et se retire sur Milan par la route de Melzo.

Pendant que Grenier succombait sous le nombre de ses ennemis, Serurier, séparé dès le matin du reste de l'armée, est entièrement battu et capitule le lendemain.

Le contre-coup de la défaite de Cassano fut l'entrée des alliés à Milan le 29 et la retraite de l'armée française sur le Tessin. Elle s'effectua pour la division Grenier par la route de Buffalora. C'est à cette place que Moreau fut informé du sort de Serurier. Aussi, pour déjouer les plans de Souwaroff, il essaye de se porter vers le sud pour tendre la main à l'armée de Naples.

Les fautes de Scherer sur l'Adige et la sanglante

journée de Magnano avaient ouvert l'Italie aux Autrichiens. Après la bataille de Cassano sur l'Adda, les Austro-Russes s'y précipitèrent de toutes parts. A la tête d'une armée nombreuse, Souwaroff, à peine entré à Milan, la divise en plusieurs corps afin d'occuper en même temps toutes les provinces; il lie sa droite au nord avec la gauche du prince Charles jusqu'au-delà du Saint-Gothard, envoie Kray assiéger Mantoue, Klénau bloquer Ferrare et Bologne, et le général Ott se porte dans la haute Toscane au sud pour s'opposer à Macdonald qui arrivait du royaume de Naples : le général autrichien voulait s'emparer des passages de l'Apennin, pour couper aux Français leur dernière retraite sur Gênes. Souwaroff se réserve de lutter en personne contre Moreau et de faire abandonner le Piémont à l'armée française.

Le général français dispose son armée de la manière suivante : la division Grenier, entre Alexandrie et Casal, gardait les bords du Pô depuis l'embouchure du Tanaro jusqu'à Verrua; celle de Victor entre Alexandrie et la Bormida; celle de Laboissière, les débouchés de Gênes. A la première tentative que firent les Russes pour franchir le Tanaro ou la Bormida, il plaça Victor à Alexandrie et Grenier entre Valence et les hauteurs de Pezetti avec ses avant-postes au confluent du Tanaro et du Pô.

Les Autrichiens traversent le Pô à Bassignano; les Français se retirent aussitôt selon l'ordre donné. Moreau rappelle Victor qui est déjà à Alexandrie, et ordonne un changement de front à la division Grenier.

La 63e reste en bataille à gauche de la route d'Alexandrie pour observer le corps russe qui menace cette ville, et la brigade Quesnel marche à l'ennemi par la plaine qui sépare le Pô des montagnes.

Combat de Bassignano (12 mai). — Le combat s'engage à une heure de l'après-midi. Le village de Pezzetti, qui domine la position, est l'objet des efforts constants des Russes; le petit nombre de nos défenseurs est forcé de se retirer.

Moreau arrive à ce moment; sa présence donne un nouveau courage. Gardanne avec le 9e chasseurs culbute l'ennemi et le chasse du village. Pendant ce temps la division Victor débouche des hauteurs; il chasse les Russes qui, acculés à Bassignano, se sont formés en carrés, et les poursuit jusque dans les îles en passant à gué un des bras du fleuve. Aussitôt après, Victor et Grenier prennent position en arrière de Bassignano, où ils restent les deux jours suivants.

Les insurgés sont de plus en plus nombreux sur les derrières de l'armée française; ils assaillent le grand parc de réserve à Asti et sont fort heureusement repoussés, grâce à l'empressement que met Moreau à envoyer des secours. La situation de l'armée française devient tous les jours plus difficile, par suite des progrès de l'insurrection sur ses derrières et de la concentration des ennemis au camp de Garofoldo.

Le 17 mai, les Austro-Russes franchissent de nouveau le Pô sur un pont de bateaux à hauteur de Cambio, et vont camper derrière la Sesia pour marcher sur Turin. Ils espèrent avoir le temps de chasser Moreau de l'Apennin et puis du Piémont avant l'arrivée de Macdonald. En présence de cette nouvelle situation, le général français détache Victor de la Bormida sur Gênes pour tendre la main à Macdonald, et lui-même, avec la division Grenier et le 6ᵉ régiment de cavalerie, marche sur Turin et Coni pour attendre les secours qui doivent arriver de France par le col de Tende.

Le soir du 18, Moreau arrive à Asti, où il apprend que l'officier commandant Céva a livré la place aux insurgés. Il ordonne aussitôt de reprendre ce point important, seule communication avec Gênes, et arrête sa petite troupe à Villanova pour attendre le résultat de cet ordre.

Le général Garreau, chargé de reprendre Céva, rallie les colonnes Seras et Freyssinet et se porte sur Mondovi, qu'il enlève de vive force. Il marche ensuite sur Céva d'où il est repoussé.

Les ennemis marchent sur Turin; trop faible pour défendre la ville, la garnison française se retire dans la citadelle, laissant les alliés faire leur entrée dans cette capitale (27 mai).

Moreau laisse une arrière-garde à Carignan et marche vers Coni par Savigliano, attendant la nouvelle tentative que Grouchy, qui a remplacé Garreau, doit effectuer sur Céva.

Ce général ayant éprouvé un nouvel échec, le commandant en chef marche en personne contre cette ville, y laisse 2,700 hommes avec Quesnel pour en

faire le blocus, et divise le reste de la division Grenier
en deux parties : la première va à Mondovi, et la
seconde, dont fait partie la 106ᵉ demi-brigade, est
placée sous les ordres du général Chasseloup et tra-
vaille jour et nuit pour percer à travers les Alpes un
chemin accessible à l'artillerie. Ce chemin terminé,
Quesnel lève le blocus de Céva et gagne le poste de
Murialto pour couvrir le point de passage. La droite,
sous Moreau, fut disposée en échelons dans la vallée
du Tanaro, et, aussitôt ces points occupés, l'artillerie
et le petit nombre d'équipages qui nous restaient com-
mencèrent à défiler. Le 6 juin, tous les convois furent
réunis à Loano. Moreau échelonna alors ses troupes
de manière à garder tous les défilés de l'Apennin. La
106ᵉ fut placée au col de Loano. Cependant l'armée
ennemie séjourne à Turin pour y réorganiser le Piémont. Moreau arrive dans la position défensive de la
rivière de Gênes, attend Macdonald qui se replie du
fond de l'Italie et auquel il se propose de donner la
main pour essayer en commun l'expulsion des alliés
de tout le pays lombard.

Plan de Moreau et de Macdonald. — Les limites de
ce travail ne nous permettent pas d'étudier la marche
de Macdonald; disons que le plan combiné entre les
deux généraux était pour l'armée de Naples de déboucher dans la haute Italie par Modène et Plaisance en
suivant la rive droite du Pô, en s'appuyant aux montagnes par son flanc gauche, et de passer ainsi sous les
murs de Tortone; pendant que Moreau traverserait le

col de la Bocchetta et arriverait aussi à Tortone par Gavi et Serravalle. Moreau ayant peu d'opérations à faire pour arriver à son objectif, la division Victor fut distraite de son armée et opéra isolément dans la vallée du Tanaro pour se porter à la rencontre de Macdonald.

Le 15 juin, Souwaroff traverse la Bormida. Le 16, il arrive à Stradella. Le même jour, l'armée de Naples s'avance sur Plaisance et prend position entre le Tivone et la Trébia.

Bataille de la Trébia. — Les 17, 18 et 19 a lieu la bataille de la Trébia. Macdonald, repoussé, se porte derrière la Nura et de là à Reggio; Souwaroff renonce à le poursuivre pour marcher contre Moreau.

Selon le plan qui avait été arrêté, Moreau, dont l'armée était concentrée aux environs de Gênes, marche le 16 juin vers Gavi et débouche le lendemain dans la plaine par deux colonnes : à gauche, Grouchy, avec 4,500 hommes, se dirige sur Novi; à droite, Grenier, avec 9,500 hommes, prend le chemin de traverse de Serravalle. Bellegarde commande les troupes ennemies. A Tortone il doit nous disputer le terrain, et, s'il ne peut résister, se retirer sur la Bormida ou le Tanaro.

Le 19, Moreau se porte sur Tortone avec la division Grenier; les brigades Quesnel et Partouneaux se placent sur la rive droite de la Scrivia.

Bataille de la Bormida (20 juin). — Le 20, Grouchy passe la Scrivia et attaque Bellegarde au village de San-Guiliano. Tout le corps autrichien est opposé à

Grouchy. Moreau arrête aussitôt la marche de Grenier sur Voghera, et le dirige sur San-Guiliano. Grenier arrive à 4 heures, au moment où Grouchy, accablé, commence à plier. Il forme aussitôt la 17ᵉ légère et la 106ᵉ en colonne serrée et enfonce le centre des Impériaux. Les Français reprennent immédiatement l'offensive, et Bellegarde, qui avait étendu sa droite pour tourner les Français, est coupé en deux tronçons, dont l'un, isolé d'Alexandrie, met bas les armes. Les Autrichiens se retirent derrière la Bormida, et les Français s'établissent sur la rive opposée.

La nouvelle de la prise de la citadelle de Turin (20 juin) et celle de la défaite de Macdonald à la Trébia décident Moreau à attirer Souwaroff en Piémont.

La division Grenier se réunit entre Tortone et Alexandrie à celle de Grouchy, et l'armée française affecta de se porter sur la Bormida pour faire croire à un projet de passage.

Aussitôt le maréchal russe s'avance à marches forcées, et Moreau, satisfait de la ruse qui a dégagé Macdonald, va reprendre la position qu'il occupait autour de Gênes avant son expédition.

A ce moment est réorganisée l'armée d'Italie; la 106ᵉ est placée dans la division Dombrowski du corps Saint-Cyr (aile droite de l'armée). Pérignon commande le centre, et Lemoine l'aile gauche.

La jonction des armées françaises n'ayant pu avoir lieu par la vallée du Pô, il est urgent qu'elle s'effectue par la route de la Corniche. En conséquence, la division Montrichard se replie de Bologne sur Florence,

et de là sur Gênes; la division Victor de Pontremoli
sur le val Tanaro et Gênes; Macdonald marche sur
Pistoye et Lucques. Le 17 juillet, le quartier général
de Macdonald est transféré près de Gênes. Pendant
toute cette retraite, l'armée de Moreau a couvert
l'Apennin, Saint-Cyr occupe la Bocchetta et Torriglia
(106°), et Pérignon masque la vallée de Savone.

Souwaroff, sur l'Orba, reste dans l'inaction. Moreau
en profite pour instruire son armée. Il est remplacé
par Joubert dans le commandement en chef, et reste
quand même à l'armée d'Italie, se plaçant volontai-
rement sous les ordres de son jeune successeur (20
juillet 1799).

Les deux places qui nous restaient en Italie, Mantoue et Alexandrie, tombent au pouvoir de l'ennemi.
Joubert, qui ignore ce résultat alheureux, veut reprendre l'offensive pour aller les dégager. Le 28 juillet, son armée occupe les positions suivantes : la
droite, les débouchés du mont Ligurien depuis Pontremoli jusqu'à Torriglia; le centre, la Bocchetta et
Campo-Freddo; la gauche, le nord des montagnes se
reliant à la France et à l'armée des Alpes.

L'armée ennemie se trouvait divisée de la manière
suivante : le général Kaim à Cherasco, contre l'armée
des Alpes; le général Alcaïni au siége de Tortone, et
le gros de l'armée sur les deux rives de la Bormida,
près d'Alexandrie.

Le 9 août, l'aile gauche descend la vallée de la Bormida. Gouvion Saint-Cyr, avec la droite et le centre,
s'établit derrière Voltaggio, Carossio, Morneso et

Ovada. Les deux bataillons de la 3ᵉ demi-brigade et les deux de la 106ᵉ constituent la réserve de la division Laboissière.

Le 14 au soir l'armée française est en face de celle des alliés, la droite à la Scrivia, le centre à Novi, la gauche à Pasturana.

Les ennemis ont 68,000 hommes. Kray occupe Bassaluzo et le chemin de Novi à Bosco; le centre est placé en avant et en arrière de Pozzolo-Formigaro; Melas à Rivalta avec une réserve de 6,000 hommes à Spinetta.

Bataille de Novi (15 août 1799). — Le 15 août, une heure avant le jour, commence à l'aile gauche l'attaque des alliés. Joubert se porte sur le lieu de l'attaque et tombe mortellement frappé. Moreau prend le commandement en chef, se porte à l'aile gauche et demande à Saint-Cyr une brigade de la division Laboissière; Saint-Cyr, malgré le vide laissé en face du centre de l'armée ennemie, lui donne la brigade Colli. La division Watrin n'était pas encore entrée en ligne, et il ne lui restait à opposer aux alliés que les deux brigades Quesnel et Gardanne.

Grâce à l'arrivée de Colli, Moreau repousse Kray. Souwaroff, voyant les avantages remportés par notre gauche, attaque aussitôt le corps de Saint-Cyr dont la 1ʳᵉ brigade Quesnel est sur les hauteurs à gauche de Novi, et la 2ᵉ en soutien dans la ville et en avant.

Au premier choc d'un ennemi aussi supérieur en nombre, Gardanne replie ses avant-postes et fait entrer ses troupes dans la place. Les alliés essayent d'y pénétrer en même temps que les Français; mais vivement repoussés, ils veulent la tourner à droite. L'artillerie de Quesnel, qui les prend de flanc, les force à renoncer à ce nouveau projet. Ils attaquent alors les hauteurs occupées par cette brigade. Gardanne, qui de Novi suit tous les mouvements de l'ennemi, s'empresse de faire une sortie et tourne le flanc gauche des alliés pendant que Quesnel, encouragé par ce mouvement, leur oppose une résistance des plus efficaces. Les Russes sont forcés de battre en retraite, laissant beaucoup de monde sur le terrain et un grand nombre de prisonniers entre nos mains.

Malgré ces trois échecs, ils font une nouvelle tentative et attaquent cette fois par la droite de Novi. Ce point, qui devait être occupé par la division Watrin, reste encore vide par suite du retard de cette troupe. Saint-Cyr place aussitôt les deux bataillons de la 106e pour l'occuper et recevoir le choc des ennemis. L'attaque des Russes perdit beaucoup de sa vigueur par suite de leur fatigue et de leurs appréhensions. Souwaroff se vit forcé d'y renoncer.

Cependant Kray n'avait pas mieux réussi dans l'espoir de tourner la gauche de notre armée. Ces échecs multipliés déterminent chez leurs généraux un mouvement d'hésitation dont nos troupes profitèrent pour se reconstituer.

Watrin, dont le retard avait été occasionné par de nombreux combats livrés sur sa route, arriva en ce moment et entra aussitôt en ligne, malgré la fatigue de ses soldats.

La droite de notre armée est près du fort Serravalle que bloque l'ennemi. Souwaroff et Melas veulent profiter de cette circonstance pour nous tourner de ce côté.

Le général Calvin, avec sa brigade de Cisalpins, se trouve en ce point. Ses troupes effrayées ne peuvent opposer aucune résistance, et Saint-Cyr est forcé de faire exécuter un changement de front aux deux brigades de Watrin pour arrêter le mouvement de l'ennemi.

Le choc des Russes fut très-faible, mais la conduite de la division française le fut davantage encore dans cette circonstance, car la première ligne aussitôt enfoncée se précipita sur la deuxième, l'entraînant en arrière dans le plus grand désordre. Ce mouvement était d'autant plus malheureux qu'il découvrait tout le flanc droit de la division Laboissière, en ce moment aux prises avec l'ennemi. C'en était fait de l'armée française si Saint-Cyr n'eût réussi à arrêter ce mouvement effectué par toute la division Frœlich. Il appelle aussitôt les deux bataillons de la 106ᵉ qui formaient toute sa réserve, et les lance à la rencontre des Russes. Par le choc de cette poignée de braves, il veut arrêter le mouvement d'une division victorieuse à la tête de laquelle se trouvent huit compagnies de grenadiers.

« Ces deux bataillons marchèrent à l'ennemi avec un « sang-froid admirable; on n'entendait jamais dans ce « corps ces cris qui annoncent plus souvent la crainte « que le vrai courage, et qu'il est quelquefois nécessaire « de commander pour étourdir les troupes et éloigner « d'elles l'idée du danger. » (Gouvion Saint-Cyr.)

La 106ᵉ fut bientôt aux prises avec la 1ʳᵉ brigade Lusignan de la division Frœlich; elle arrête son mouvement, enlève le général et deux pièces de canon. Les ennemis ne savent que penser d'une attaque poussée avec d'aussi faibles forces; ils hésitent, croyant à une ruse de guerre, et laissent aux Français le temps de se reconnaître. La division Watrin se rallie, prend une position défensive, et la 106ᵉ, sur l'ordre du général en chef, va reprendre sa place de réserve. Ce dernier mouvement est exécuté dans le plus grand ordre, et malgré une grêle de projectiles, par ces deux bataillons qui emportent leurs glorieux trophées.

Accablés par le nombre, les Français sont forcés de battre en retraite. Ils marchent sur les Apennins par la route de Gavi. Souwaroff, voyant la manière dont nos troupes viennent de se battre, renonce à son projet d'attaque par les montagnes et va faire le siége de Tortone.

Dans cette journée du 15 août, la plus terrible de la campagne, celle où les Français résistèrent avec le courage le plus froid, le plus calme, aux masses toujours nouvelles que le général russe lançait contre eux, nous perdîmes 8,000 hommes, lorsque les alliés laissaient 20,000 des leurs sur le champ de bataille.

La 106ᵉ, qui eut les honneurs de la journée, eut 380 tués ou blessés dans les quelques minutes qu'elle fut employée par le général Saint-Cyr à sauver l'armée française d'une perte certaine. Cette brave demi-brigade se distingua encore quelques jours plus tard, en protégeant la cavalerie au passage d'un défilé.

Le 22 septembre, Championnet vient prendre le commandement de l'armée. Nos troupes occupaient en ce moment les positions suivantes : la droite (Saint-Cyr), avec 16,000 hommes, garde la Ligurie et la ville de Gênes; sa gauche est au débouché Saint-Jacques, et sa droite à la rivière du Levant. Elle comprend les divisions Dombrowski (avec la 106ᵉ), Watrin et Miollis.

Le centre, 15,000 hommes, à Mondovi. La gauche, 19,000 hommes (Grenier), constitue ce que l'on a nommé l'armée des Alpes et se relie aux troupes d'Helvétie.

Les alliés se sont beaucoup affaiblis par le départ de Souwaroff pour la Suisse. Klénau commande en chef les forces ennemies. Opposé à Saint-Cyr, il établit son quartier général à Pozzolo.

Combat de Moneglia (11 octobre 1799). — Le général Watrin reçoit l'ordre de se porter sur le flanc droit de Klénau et de le tourner complètement en arrivant jusqu'à Bracco. Il doit marcher de façon à ne pas éveiller l'attention de l'ennemi. Le général Miollis, qui occupe déjà une position en face de Klénau, doit surveiller ses mouvements de manière à l'attaquer aussitôt qu'il battra en retraite par suite du mouvement tournant de Watrin. Les troupes de Dombrowski sont placées en réserve derrière celles de Miollis.

Pour favoriser ce mouvement, Saint-Cyr a organisé une petite flottille qui, partant de Gênes, doit couper la retraite à l'ennemi dans le cas où il essayerait de se sauver par la mer, et qui aurait en outre un bataillon de débarquement pour tourner l'ennemi par le flanc gauche, pendant que Watrin le tourne sur la droite. Le 1er bataillon de la 106e, choisi par le général Saint-Cyr pour effectuer ce mouvement, débarque à Monéglia et se met aussitôt en marche sur Bracco.

Malheureusement, les ordres du général en chef ne furent pas bien exécutés. Les officiers de la division Miollis, chargés d'observer l'ennemi, ne s'aperçurent que dans la soirée d'une retraite que Klénau avait commencée dès le matin. Il devenait donc impossible de prendre tout le corps d'armée ennemi, comme on en avait eu un moment l'espoir. L'attaque des Français fut effectuée, mais l'avant-garde ennemie, coupée par Watrin et le 1er bataillon de la 106e, tomba seule entre nos mains. Tout le reste se trouvait déjà en dehors de la ligne suivie par nos troupes, c'est-à-dire au-delà de Bracco. Cette journée, qui aurait dû être des plus heureuses pour nos armes, ne nous rapporta, par suite d'une négligence des plus coupables, que 1,200 prisonniers, dont 27 officiers.

Le 23 octobre, l'armée se réunit près de Voltaggio pour attaquer les troupes de Karaczay, placées dans la plaine de Novi. Nous nous avançâmes en colonne dans l'ordre suivant : Laboissière, Dombrowski et Watrin. A l'approche de Laboissière, Karaczay abandonne Novi, marche sur Alexandrie et va prendre une position défensive entre Bosco et Bassaluzo.

Combat de Bosco (24 octobre 1799). — Le lendemain

matin, Laboissière est aux prises avec Karaczay. L'ennemi, supérieur en nombre, fait perdre du terrain à nos troupes. Saint-Cyr, qui, avec la division Dombrowski et une brigade Watrin, se propose de tomber sur les derrières des Autrichiens, fait dire à Laboissière de continuer à céder le terrain, que nos troupes sont déjà sur le flanc ennemi, et que si son mouvement en avant s'accentue, il sera bientôt tourné.

Les ordres de Saint-Cyr ne sont pas exécutés par Laboissière dont les troupes fatiguées sont en outre affaiblies par de grandes pertes; d'un autre côté, l'ennemi s'aperçoit trop tôt du mouvement de Saint-Cyr pour le tourner. Il marche alors contre lui avec de très-grandes forces, son artillerie et sa cavalerie.

La position de Saint-Cyr est des plus critiques. Le peu d'artillerie et de cavalerie dont nous disposions était avec Laboissière, et nous nous trouvions en présence d'un ennemi quatre fois plus fort. Le général français, voulant conserver le moral de ses soldats, ordonne l'attaque. Il adopte l'ordre en échelons : celui de gauche attaque le premier; il est formé de la 12ᵉ demi-brigade. La 106ᵉ constitue celui de droite, qui doit s'avancer le dernier.

Les attaques successives se firent avec la plus grande énergie. Au moment où la 106ᵉ entrait en ligne, la droite ennemie se retirait, son centre, était ébranlé, sa gauche seule restait intacte.

La cavalerie autrichienne, repoussée de la droite et du centre, s'était portée à la gauche pour s'y reconstituer. Ce fut elle qui reçut les premiers coups de la 106ᵉ.

« Chacun des bataillons de ce corps distingué exécuta
« sous le commandement et à la voix de ses chefs,
« comme à l'exercice, deux feux de bataillon. Ensuite,
« ils marchèrent tous deux sur cette cavalerie, dont
« leurs feux exécutés avec tant de sang-froid et de pré-
« cision avaient augmenté le désordre. Ces deux batail-
« lons la chargèrent, baïonnette en avant, avec une
« franchise et une décision telles, que je n'en ai jamais
« vu de pareilles; aussi la victoire couronna leur
« audace. Les escadrons ennemis furent mis en pleine
« déroute, l'infanterie de même, après avoir laissé
« dans nos mains cinq bouches à feu et un millier de
« prisonniers. » (Gouvion Saint-Cyr.)

Le 25 octobre, la division Dombrowski va se placer
en réserve à Pozzolo-Formigarto.

Le 3 novembre, Melas, n'ayant plus de craintes
pour la Lombardie, en retire ses troupes et les place
sous les ordres de Kray, pour se porter au secours de
Karaczay et repousser le corps de Saint-Cyr dans les
montagnes de Gênes.

Le 4, Kray qui a le commandement en chef débouche
sur Marengo avec 16 bataillons d'infanterie et 3,000
cavaliers. Saint-Cyr a sa gauche à Bosco, son centre à
Pozzolo et sa droite à Rivalta. Il ordonne aussitôt une
concentration sur Novi et prend la même position qu'à
la bataille du 15 août.

2ᵉ bataille de Novi (5 novembre 1799). — C'est sur
le même terrain qu'eut lieu le 5 novembre la deuxième
bataille de ce nom. Le général Gouvion Saint-Cyr, qui

n'avait pas de cavalerie, sut, par des manœuvres habiles, attirer l'ennemi dans un endroit propre à nos troupes. Aussi, malgré la différence du nombre des combattants, nous obtînmes un succès complet. Ce fut la 106ᵉ qui termina le combat avec sa valeur ordinaire sur le lieu même où Joubert, trois mois auparavant, avait été mortellement frappé.

Le 8 novembre, la division Dombrowski se porte sur Ovada et Rossiglione, puis à Campo-Freddo et Voltry.

Il s'écoule une période de temps assez longue où les armées sont en présence sans se combattre. Les alliés laissaient au froid et à la famine le soin de décimer l'armée française. Le manque de vivres se faisait plus vivement sentir tous les jours. Gênes elle-même était en proie à la plus grande famine, et nos soldats, manquant de tout, voulaient rentrer en France. Il se produisit même quelques cas de rébellion. Le général Saint-Cyr, par sa fermeté, sut ramener ses troupes au sentiment du devoir.

Le 14 décembre, Klénau attaque le poste de Forre-glia avec des forces tellement supérieures, qu'après une lutte des plus acharnées, nous sommes forcés de nous replier.

Combat d'Albaro (15 et 16 décembre 1799). — Le 15, Saint-Cyr ordonne au chef de brigade commandant de la 106ᵉ de partir de Voltri pour se rendre à Albaro, village séparé de Gênes par la rivière Bisagno. Pendant que le mouvement s'effectue, le général Darnaud attaque la gauche ennemie pour la couper de la mer où deux vaisseaux russes soutenaient l'attaque des alliés. L'ennemi est repoussé de Castagno et Quinto; mais deux bataillons russes, quittant la position qu'ils occupaient au village d'Apparizione, viennent se placer en arrière d'une muraille qui borde le chemin entre Vernazola et Quarto. Par cette position, ils coupaient toute communication entre la brigade Darnaud et la réserve française restée sur la rive droite de la Sturla.

Saint-Cyr, ne voulant pas encore faire donner sa réserve, laisse Darnaud essayer de se dégager; mais ce dernier n'ayant pu réussir, le général en chef se décide à faire tourner la droite de la position que les Russes avaient prise derrière la muraille. Il charge de cette opération les deux compagnies de grenadiers de la 106ᵉ. « C'était bien peu de monde », dit-il dans ses *Mémoires*, « mais elles étaient de la 106ᵉ, et je les « estimais à l'égal de 2 bataillons. »

« Il fallait voir », ajoute-t-il, « avec quel sang-froid « ces braves, au moment de partir pour l'attaque, allu-« maient cette petite pipe que les soldats appellent « le brûle-gueule. »

Cette poignée d'hommes, conduite par le capitaine Marty, s'élance, escalade les murs, et, sans tirer un coup de feu, marche pour tourner l'ennemi et gagner les hauteurs qui dominent leur position. En présence d'une telle audace, les Russes se troublent, font aussitôt demi-tour, prennent le pas de course et regagnent dans le plus grand désordre leur position première du village d'Apparizione. Grâce à l'énergie de ces deux compagnies, le général Darnaud évita d'être coupé du reste de l'armée et probablement de se voir forcé de déposer les armes.

C'est à la suite de ce mouvement que la 106ᵉ, réunie à la 3ᵉ demi-brigade, enleva les hauteurs du Monte-Faccio en forçant les alliés à se replier sur le Monte-Cornua. L'issue du combat fut la même que celle que l'on avait obtenue peu de mois auparavant. Les Autrichiens ne s'ouvrirent un passage qu'avec beaucoup de peine et en laissant 1,200 à 1,500 prisonniers entre nos mains. Cet échec les força à l'inaction pendant quelque temps. Ils se replièrent derrière la Magra pour y prendre leurs quartiers d'hiver. Leurs avant-postes occupaient Sestri et Vareze.

Comme nous venons de le voir, l'ennemi avait été repoussé le 15 décembre. Le 17, un ennemi bien plus dangereux, la famine, fut évité pendant quelques jours. Une flottille chargée de blé entra dans le port de Gênes, et l'armée d'Italie, après avoir subi les dernières épreuves de courage, de dévouement et de patriotisme, put, pendant un mois, rentrer dans les conditions ordinaires et chercher à se réorganiser.

Massena, général en chef. — Le 9 janvier 1800, mourut Championnet; Massena, désigné pour le remplacer comme général en chef, arriva à l'armée le 15 janvier. Les troupes françaises étaient alors divisées en deux corps : la droite, sous le commandement de Soult, était forte de 15,500 hommes; le centre, sous

Suchet, en comptait 12,500; la 106ᵉ fit partie de la droite : brigade Petitot, division Miollis.

Lorsque Massena prit le commandement de l'armée d'Italie, tout présageait pour elle d'inévitables désastres; de quelque côté que l'on portât ses regards, on ne découvrait que des principes de désorganisation et de mort.

Etat de l'armée de Gênes. — Dénuée de tout secours, cette malheureuse armée, dans la misère la plus profonde, achevait l'hiver le plus rigoureux dans les âpres rochers de la Ligurie.

Pâles, languissants et défigurés, affamés et nus, découragés et abattus, les soldats français ne semblaient plus être que des spectres. Les routes étaient couvertes de mourants et de cadavres. Les désertions, la faim et les maladies qu'elle produisait, enlevaient 300 à 400 hommes tous les jours, et il était à craindre que ces causes réunies ne parvinssent à la dissoudre entièrement.

Avant de parler de la défense de Gênes par Massena, disons que c'est à ce moment (janvier 1800) que Bonaparte, premier consul, décréta les armes d'honneur.

Les avant-postes des deux armées étaient fort rapprochés; aussi, la guerre se ralluma (5 mars) au commencement du printemps dans les vallées du Bisagno et de la Polcevera. Les paysans s'insurgèrent à l'instigation des espions de l'Autriche, et la division Miollis fut chargée de les ramener à la soumission.

Miollis rassembla ses troupes à Nervi et les partagea en trois colonnes : 1° la droite, 106e demi-brigade, sous le général Darnaud, doit se porter à Rapallo et Chiavari ; 2° le centre de Nervi sur Recco ; 3° la gauche, descendant la vallée de Lavagna, doit se réunir aux deux autres sur les bords de la Stura.

Le général Darnaud, avec la 106e, fait replier facilement les insurgés au-delà de Lavagna, les repousse de Chiavari sur Sestri et s'empare d'un convoi de vivres qu'il expédie à Gênes. Les deux autres colonnes furent arrêtées par des forces supérieures et forcées de se replier.

Peu de jours après, les Autrichiens forment le blocus par terre pendant que l'escadre anglaise, commandée par l'amiral Keith, bloque le port. Comme conséquence, la disette augmenta vivement dans Gênes.

Réorganisation de l'armée de Gênes. — Vers le milieu de mars, l'armée est à peu près réorganisée, grâce aux nombreuses luttes de Massena avec le Directoire. Elle est divisée en trois corps : l'aile droite (Soult), avec 15,320 hommes, comprend trois divisions : 1° Miollis, où se trouve la 106e, et qui occupe Albaro, Nervi, Reco, Torriglia et Monte-Cornua ; 2° Gazan, à Cazalla et Voltaggio ; 3° Gardanne, à Stella, Madona-di-Monte, Savona et Cadibona. Le centre (Suchet) occupe Finale et la Piétra de Piave, et la gauche, sous Thurreau, est placée plus à l'ouest.

Nous n'avons pas besoin de faire ressortir les inconvénients d'une ligne de défense aussi étendue ; nulle part des masses profondes à opposer aux Autrichiens. Pour obvier à cette situation, Soult avait l'ordre de se replier sur Gênes dès que cette place serait menacée.

Le 5 avril, le baron Ott débouche sur quatre colonnes. La première enlève Recco, qui fut aussitôt repris par les Français. La deuxième remonte la vallée de la Trébia, et prend position sur le piton de Mecco. La troisième attaque Torriglia, San-Alberto et Scofera. Ces trois points défendus avec succès par le général Petitot furent évacués lorsque le Monte-Cornua eut été enlevé par l'ennemi. La quatrième colonne refoule les postes de la 24ᵉ des positions de Borgo, Fornari, Bussalla et Savignano; déloge de Monte-Cornua deux bataillons de la 74ᵉ, et les force à se retirer, l'un sur Nervi, et l'autre sur le Monte-Faccio, où la 106ᵉ se porte pour les soutenir. Dans l'après-midi, cette dernière position fut aussi enlevée, malgré tout ce que, dans différents combats, la 106ᵉ, sous les ordres du général Darnaud, put déployer d'héroïsme pour la défendre et plus tard pour la réoccuper. Le commandant du Pelliet, de la 106ᵉ, y fut blessé de cinq coups de feu. Nos troupes, malgré cet échec, conservèrent Quinto.

Par suite des points enlevés dans la journée du 5 avril, notre droite se trouva coupée du centre; et le général Melas manœuvra désormais pour écraser isolément l'une ou l'autre de ces deux fractions.

Cependant, les menées du transfuge Assaretto agitent les esprits dans Gênes : il les excite à la révolte. L'échec de nos armes tend à favoriser ses discours.

Aussi Massena veut-il subjuguer de nouveau les Génois par une victoire éclatante. Le premier point est de rétablir les communications avec son centre. Mais comme le baron Ott est trop près de Gênes pour qu'on puisse s'en éloigner sans danger, c'est contre lui que les Français vont porter les premiers coups.

Reprise du Monte-Faccio (17 germinal, 7 avril). — Massena organise dans la nuit deux colonnes destinées à reprendre le Monte-Faccio. Celle de droite, sous Darnaud, opérera par Quinto; elle est formée des 74ᵉ et 106ᵉ demi-brigades. Celle de gauche, commandée par Miollis, marchera sur Parisonne.

La valeur de nos troupes fut dans cette circonstance au-dessus de tout éloge. Le dévouement des officiers, l'exemple des chefs, tout concourut à ramener la victoire sous nos drapeaux.

L'ennemi, culbuté sur Monte-Faccio, le fut même à Panesi, à San-Alberto et à Scoffera, points qu'il défendit successivement, et d'où le chassa le général Darnaud. Un bataillon formé des grenadiers, des 55ᵉ, 74ᵉ et 106ᵉ, et placé sous les ordres du commandant Burthe, s'y couvrit de gloire. Le résultat de la journée fut la reprise du Monte-Faccio et du Monte-Cornua.

Dans les journées des 10, 11 et 12 avril eurent lieu les brillants combats des grenadiers commandés par Gardanne, et la reprise du plateau de l'Hermette. La 106ᵉ augmenta encore dans cette circonstance sa brillante réputation militaire.

Combat d'Albissola (15 avril, 25 germinal).—Le 15, à 3 heures du matin, Melas met son armée en mouvement sur trois colonnes. Massena ordonne à la 73° demi-brigade d'attaquer le flanc droit des Autrichiens, pendant que l'adjudant général Gauthier en abordera le flanc gauche par les montagnes. Il garde dans la plaine la 106° demi-brigade comme réserve. Les Autrichiens repoussent ces deux attaques et continuent leur marche.

Belle conduite d'un bataillon de la 106°. — Aussitôt que Massena s'aperçoit de notre insuccès, il s'avance à la tête d'un bataillon de la 106°, arrête l'ennemi au moment où il veut traverser le torrent d'Albissola, le repousse sur la montagne, et, par un combat acharné soutenu pendant trois heures par ce brave bataillon, il permet à son armée d'effectuer sa retraite.

C'est à ce moment que se firent surtout sentir les conséquences du défaut de coopération de Suchet. Melas laissé libre concentre ses forces, fait subir à Massena l'échec de Varragio. Par suite de cet échec, la situation de Soult sur l'Hermette devient de plus en plus critique ; le 16, il se retire à Sassello, et de là à Voltri, où il fait sa jonction avec Massena.

Combat de Voltri (18 avril). — Le 17, nous ne pouvons plus rester dans cette position, parce que l'ennemi qui se trouve déjà à la Madona-di-Sestri peut nous couper de nos communications avec Gênes. Aussi Massena donne-t-il l'ordre de faire rentrer les deux divisions qui s'y trouvent. Melas veut profiter de sa position pour empêcher le mouvement; et, le 28 germinal (18 avril), ses troupes, fractionnées en deux corps, attaquent, le premier Voltri, pour y retenir les Français, pendant que le second cherche à occuper Sestri, point intermédiaire avec Gênes. Ce second mouvement eut heureusement lieu assez tard pour permettre à nos troupes d'occuper fortement ce point important, pendant que s'effectuait la retraite. Cependant nos troupes restées à Voltri soutenaient le choc de la première colonne. Il fut livré dans cette ville et sur les positions avancées de terribles combats; l'extrême valeur de la 106ᵉ fut remarquable, et surtout celle déployée par les trois compagnies de grenadiers du régiment qui forcèrent le passage du pont de Voltri par une attaque à la baïonnette, protégèrent jusqu'au dernier homme la retraite de la brigade de gauche, vainquirent sur ce point tous les obstacles et permirent au corps de Soult de se réunir à Massena.

Les pertes essuyées dans ces diverses expéditions ayant affaibli nos troupes de plus du tiers de leur effectif, il devint nécessaire de refondre les divisions. L'aile droite n'en forma plus que deux : la première fut confiée au général Miollis; la seconde, dont faisait partie la 106ᵉ, fut placée sous le commandement de Gazan.

Position de l'armée française. — La division Miollis campait derrière la Sturla, entre le fort l'Eperon et l'embouchure du torrent, au Monte-Vento et au fort

Richelieu. La division Gazan occupa la rive gauche de la Polcevera, de San-Piétro d'Aréna à Rivarolo.

L'armée française, ne pouvant s'éloigner de Gênes par suite de sa faiblesse numérique, va maintenant chercher à prolonger le plus longtemps possible la défense de cette place. Avant de donner les détails de cette belle défense et pour en faire mieux ressortir tout le mérite, esquissons rapidement la situation de la ville.

Gênes. — Gênes est bâtie en amphithéâtre sur le penchant d'une montagne dont la base occupe près de 4 milles d'Italie et qui sépare la Ligurie en deux parties à peu près égales. Elle est placée entre les torrents de la Polcevera à l'ouest et du Bissagno à l'est. Ces torrents donnent leurs noms à deux vallées à peu près parallèles, par lesquelles on arrive à la haute crête des Apennins. Cette ville est fermée par deux enceintes fortifiées : l'une, intérieure, occupe la moitié de la montagne sur le penchant de laquelle Gênes est bâtie, et l'autre, extérieure, en renferme la totalité en formant un triangle dont la mer serait un des côtés. Les deux autres faces s'élèvent sur des escarpements qui regardent les deux vallées. L'ouvrage qui couvre la montagne se nomme l'Eperon ; au nord de ce point se trouve la position des Deux-Frères, et sur un mamelon isolé et plus en avant le fort Diamant. Sur la gauche du Bissagno, du nord au sud, sont placés les forts détachés de Quezzi, Richelieu et Sainte-Thècle.

La défense de Gênes est une des plus obstinées et

des plus brillantes que nous offre l'histoire moderne. Elle a duré depuis le 5 germinal an VIII (26 mars 1800) jusqu'au 15 prairial (4 juin), dans le dénûment le plus absolu et les plus horribles privations. Cette ville, la seule qui nous restât en Italie, se trouvait l'objet de l'ambition de l'Autriche. Défendue par une poignée de braves, de soldats débiles, composant, après les désastres de la dernière campagne, les débris de l'armée d'Italie, elle fut attaquée par une armée fraîche, victorieuse et quintuple de la nôtre. Tout fut mis en usage par l'ennemi pour s'assurer de cette conquête, qu'il entreprit avec tous les avantages possibles.

Nous allons essayer de détailler la série des faits qui composent cette défense, dans laquelle la 106ᵉ demi-brigade a obtenu une mention spéciale par sa bravoure au feu et la manière dont elle a supporté les plus dures privations imposées par la famine.

Prise par l'ennemi et reprise du plateau des Deux-Frères (10 floréal, 30 avril). — Le 10 floréal, à 2 heures du matin, l'ennemi nous attaque de tous les côtés, en faisant descendre du Monte-Faccio des forces considérables. Il nous enlève le Monte-Ratti, le fort de Quezzi, et bloque celui de Richelieu. A 9 heures du matin, il nous enlève la position des Deux-Frères, d'où il bloque le fort Diamant et commande les ouvrages de l'Eperon.

Au milieu de toutes ces attaques, Massena devine que le but de l'ennemi est de conserver la position des

Deux-Frères, et d'enlever celle de la Madona-del-Monte ; ce qui nous aurait forcés d'évacuer Albaro, et, comme conséquence, aurait permis aux Autrichiens de bombarder Gênes. Il résolut aussitôt de profiter de ses réserves qui n'avaient pas encore donné pour attaquer à son tour et reprendre ces positions.

Soult fut chargé de l'attaque des Deux-Frères, avec la 73° et la 106° demi-brigades, pendant que le général en chef, à la tête de la division Miollis, reprendrait à l'ennemi toutes les positions qu'il nous avait enlevées à l'est de Gênes.

Lorsque Soult eut vu les efforts de Massena couronnés de succès, il ordonna l'attaque des Deux-Frères, position terrible où Hohenzollern avait rassemblé de grandes forces soutenues par une nombreuse artillerie. Le général Spital se mit à la tête de l'attaque; les ennemis se défendirent vigoureusement; mais l'ardeur des Français augmentait avec leur résistance. Rien ne put ralentir leur mouvement. Les Autrichiens, entièrement repoussés, nous abandonnèrent le plateau et leur artillerie. La 106° se conduisit dans cette affaire avec sa bravoure accoutumée. Au nombre de ses blessés, l'armée vit avec douleur Dumesme, l'un des chefs de bataillon de cette brave demi-brigade. Cette journée, où les Autrichiens abandonnèrent le champ de bataille couvert de leurs morts, fut une des plus brillantes du blocus; elle leur coûta 4,000 hommes, et on les vit successivement attaquants et attaqués, vainqueurs et vaincus.

Combat de Rivarolo (2 mai). — Le 12 floréal (2 mai), le général Miollis appelle l'attention de l'ennemi dans le levant et y occupe ses troupes. Le chef de brigade Godinot inquiète l'ennemi sur la Polcevera depuis la mer jusqu'à Rivarolo. Le général Gazan débouche de Rivarolo avec les 5ᵉ et 25ᵉ brigades légères et la 106ᵉ, se dirige sur la gauche de la Coronata et marche pour prendre l'ennemi à revers. Un régiment autrichien a déjà mis bas les armes, et nous avions enlevé ses pièces de canon, lorsque toutes les réserves des Impériaux s'élancent sur nos faibles troupes; nous sommes écrasés par le nombre et forcés de battre en retraite. La 106ᵉ eut dans cet engagement 160 hommes tués et un très-grand nombre de blessés.

Le 21 floréal, nouvelle sortie de la garnison. Mouvement tournant ordonné par le général en chef et exécuté par Soult avec la plus grande vigueur, pendant que Miollis attaque de front la position. L'ennemi battu nous abandonne le terrain. La 106ᵉ a pris une part très-active à l'action; on cite comme s'y étant particulièrement distingué le sous-lieutenant Manard.

Attaque du Monte-Creto. — Le général en chef, dont le but constant est d'approvisionner Gênes, tente une nouvelle attaque sur le camp de Monte-Creto. Les troupes françaises sont divisées en deux colonnes : la première, commandée par Soult, marche directement sur le Monte-Creto; la seconde, général Gazan, débouche par le fort l'Eperon, les Deux-Frères, et se dirige à droite de ce point, sur un endroit que l'ennemi occupe par de fortes redoutes.

L'attaque réussit dès le début, mais un orage épouvantable qui éclata subitement rendit par la suite tous nos efforts malheureux. Au moment où le général en chef jugea son entreprise manquée, il détacha des troupes de Gazan l'adjudant général Hector, qui, avec la 106ᵉ, descendit dans le Bisagno pour protéger la retraite du corps de Soult. Cette demi-brigade seconda très-heureusement les efforts par lesquels la 2ᵉ se fit jour, et le soir chaque corps put rentrer au lieu qui lui était affecté.

Souffrances de l'armée française. — Rien ne peut peindre la cruelle proportion dans laquelle chacun des jours du mois de prairial a multiplié les maux que Gênes a soufferts par les effets de ce cruel blocus. Nous ne voulons pas retracer le tableau de tout un peuple pâle, défiguré, livide, se disputant les chevaux qui, morts de maladie, étaient conduits à la voirie. C'est à ce moment qu'une demande d'entrevue fut adressée à Massena par les généraux ennemis. Nous étions arrivés au terme où le général Bonaparte savait que nous devions succomber; presque tous les chevaux étaient mangés, et il était temps de faire quelque chose pour des troupes qui, de leur côté, avaient tout essayé et que la patrie était si intéressée à conserver. Ces considérations décidèrent Massena à répondre à l'ennemi que, quoique cette ouverture fût prématurée, il se réservait cependant de traiter de son objet lorsqu'il s'en serait suffisamment occupé.

Les négociations n'ayant pu aboutir, le bombardement recommence le 11 prairial; Massena réunit les chefs de corps pour savoir sur quoi il peut compter dans une tentative de trouée. La réponse générale fut que les soldats n'étaient plus en état de soutenir un combat, même une simple marche.

Le 12 prairial (1ᵉʳ juin), accroissement des maux de toute espèce, progrès des maladies; le nombre des morts dont la famine sème les rues devient effrayant. Le tableau de la misère est des plus affreux, et les subsistances de toute espèce manquent totalement. Massena ne conserve plus d'espoir d'être secouru et entre en négociations.

Les pourparlers durèrent jusqu'au 15 prairial (4 juin), jour où fut signée la capitulation de Gênes, et par laquelle l'armée française conserva armes et bagages.

Le 15 au soir, la porte de la Lanterne fut occupée par deux bataillons ennemis.

Le 16, la division Gazan se rendit à Voltri, et de là à Savone, où se trouvait Suchet.

Telle fut la fin de ce blocus mémorable. L'histoire n'offre pas, en effet, de lutte plus glorieuse. Qui pourra jamais parler de cette action de guerre sans que l'orgueil national en soit flatté? Qui ne serait fier d'avoir participé à cette défense héroïque? Après tant d'efforts, de constance, que peut-il manquer à la gloire de cette armée et de son chef?

Pour nous résumer sur cette défense, nous dirons que, pendant soixante jours, Massena avec quelques hommes a fait la guerre à toute une armée; que, forcé dans ses dernières ressources, il sut par sa fermeté et son énergie en imposer au vainqueur, et obtint des conditions tellement honorables, qu'elles sont sans exemple dans l'histoire.

Gênes rendue à la France. — Pendant ce temps avait lieu la mémorable campagne de Bonaparte. Le 18 juin, Melas demande à traiter; les Autrichiens signent l'armistice d'Alexandrie par lequel ils se retirent derrière le Mincio, livrant à la France tout le pays compris entre les Alpes et cette rivière, ainsi que les villes d'Alexandrie, Turin, Gênes et Savone. C'est ainsi que nos ennemis perdirent en quelques heures le résultat de dix-huit mois d'une lutte victorieuse.

Les troupes françaises furent aussitôt cantonnées sur le territoire qui venait de nous être cédé. (La 106ᵉ occupa Tortone.)

Pendant que les négociations traînaient en longueur, les Napolitains et les Toscans nous provoquaient sans cesse par leur témérité; aussi profitons-nous d'une insurrection en Toscane pour y faire entrer notre armée et occuper Florence et les principales villes du duché. La 106ᵉ fait partie de cette expédition, et va ensuite avec ses trois bataillons tenir garnison dans la place de Casal-Maggiore sur le Pô; son bataillon de dépôt est à Milan.

Reprise des hostilités. — Sous l'influence de l'Angleterre, et après cinq mois passés en négociations l'Autriche recommence les hostilités. Bonaparte lance aussitôt les armées françaises. Moreau doit franchir l'Inn et marcher sur Vienne (Hohenlinden), pendant que Macdonald passera du pays des Grisons dans le Tyrol, et que Brune forcera l'Adige et le Mincio.

Formation de cinq armées françaises. — Augereau, sur le Mein;

Moreau, sur l'Inn;

Macdonald, dans les Grisons;

Brune, sur le Mincio;

Murat, qui s'avance vers l'Italie.

La 106ᵉ fait partie de la 4ᵉ armée, général Brune.

Centre de l'armée, sous les ordres de Suchet.

Divison Gazan.

Brigade Clausel.

Occupons-nous de cette 4ᵉ armée qui avait été destinée à marcher sur Vienne par la haute Italie, après s'être réunie à celle de Macdonald.

Brune marche sur le Mincio, le 20 décembre, et enlève plusieurs positions que les Autrichiens occupaient sur la droite de ce fleuve qu'il se dispose à passer le 25 au matin par deux points à la fois, Pozzolo et Monzambano. Les Impériaux conservaient encore entre ces deux points la tête de pont de Borghetto. Des difficultés survenues empêchent le 25 l'attaque de Monzambano, et cette opération fut remise au lendemain. Mais il n'en fut pas de même de celle de Pozzolo que Brune considérait comme une simple diversion.

Passage du Mincio. — Dès le matin, Dupont fait avancer ses troupes sur les bords du Mincio, jette immédiatement un pont, et, à la faveur du brouillard, porte sur la rive gauche la division Watrin. Cependant Brune était immobile avec la gauche à hauteur de Monzambano et Suchet avec le centre en face de Borghetto, masquant la tête de pont des Autrichiens. Dupont est donc seul avec son corps d'armée sur la rive gauche et en présence de toutes les forces ennemies. Les conséquences d'un tel isolement ne se firent pas longtemps attendre. Bellegarde dirige sur lui la masse de ses forces; le général français informe aussitôt Suchet et le général en chef de sa situation et du succès du passage. Suchet court à son secours, après avoir informé Brune de pourvoir à la garde du poste qu'il est obligé de quitter. Le général en chef, tout en approuvant le mouvement de Suchet, reste toujours inactif à Monzambano et se contente d'envoyer Boudet avec une division prendre la place de Suchet.

Dupont, voulant couronner son succès, s'est entièrement engagé; il a franchi le Mincio, enlève Pozzolo et porte sur la rive gauche les divisions Watrin et Monnier. Les Autrichiens marchent avec tous leurs renforts sur Pozzolo et se précipitent avec fureur sur les deux divisions françaises. Ce brave corps d'armée allait être jeté dans le Mincio, lorsque arrive Suchet avec la division Gazan; il lance aussitôt la brigade Clausel (106ᵉ). Les Français reprennent l'offensive et font reculer les Autrichiens qui, un moment plus tard, reviennent à la charge avec de nouvelles troupes.

Suchet, voyant le danger couru par Dupont, fait passer sur l'autre rive la division Gazan tout entière. On se dispute dès lors avec le plus grand acharnement le point de Pozzolo. Ce village fut pris et repris six fois. On se battait encore au clair de la lune et par un froid des plus rigoureux. Les Français finirent par rester maîtres de la rive gauche; mais ils avaient perdu l'élite des quatre divisions engagées. Les Autrichiens laissaient 6,000 morts sur le champ de bataille. Sans l'intervention heureuse de Suchet et surtout de la brigade Clausel qui déploya la plus grande valeur, notre aile droite était écrasée. Heureusement il n'en fut rien, et le Mincio se trouvait franchi sur un point.

Le lendemain 26, Brune persiste dans son projet de le passer à Monzambano, s'exposant de nouveau à courir les chances d'une opération de vive force. Les Autrichiens, fatigués des pertes de la veille, opposent une faible résistance et se laissent enlever les positions de Sallonzo et de Valeggio.

Toute l'armée, se trouvant sur la rive gauche du Mincio, marche sur l'Adige; mais Brune, qui aurait dû poursuivre vivement les Impériaux et franchir immédiatement ce cours d'eau, ne fut prêt à en opérer le passage que le 31 décembre. Le 1ᵉʳ janvier, Delmas, avec l'avant-garde, traverse le fleuve à Bussolengo, en amont de Vérone; Moncey, avec la gauche, le remonte jusqu'à Trente, pendant que le reste de l'armée le redescend pour envelopper Vérone. La gauche de Brune est ainsi réunie à la droite de Macdonald, et les deux armées marchaient ensemble sur Vienne, lorsque

Brune accepta l'armistice qu'on lui proposait. Il fut signé à Trévise et nous accordait la ligne de l'Adige. Cet armistice fut confirmé le 9 février 1801 par la paix de Lunéville qui termina la guerre de la deuxième coalition et nous valut la ligne du Rhin et celle de l'Adige.

La fin de l'année 1800 fut consacrée à la pacification de la Vendée, au vote de la Constitution de l'an VIII et à l'organisation politique de la France. C'est à ce moment que les demi-brigades prennent le nom de régiments de ligne.

1801. Evacuation de l'Egypte. Pacification générale sur le continent.

1802. Paix d'Amiens ou confirmation par l'Angleterre des acquisitions continentales de la France. La paix est générale sur mer et sur le continent. Grande revue à Lyon des armées d'Italie et d'Egypte ; le 106° de ligne prend part à cette revue. Création de la Légion d'honneur. Napoléon Bonaparte consul à vie. Le Piémont est réuni à la France et forme cinq départements. Le 106° est envoyé en garnison à Coni, chef-lieu de la Stura.

1803. Refus des Anglais d'évacuer Malte. Entrée des Français en Hollande et en Hanovre, et préparatifs d'une descente en Angleterre.

1804. Conspiration de Cadoudal, Pichegru, Moreau. Mort du duc d'Enghien. Napoléon empereur (18 mai).

1805. L'Angleterre organise la troisième coalition contre la France. 80,000 Autrichiens, sous l'archiduc Ferdinand et le général Mack, ont passé l'Inn, envahi

Munich. 30,000, sous l'archiduc Jean, occupent le Tyrol. 100,000, sous Charles, s'avancent sur l'Adige, et deux armées russes doivent rejoindre les Autrichiens. En un mois, Napoléon transporte 150,000 hommes du camp de Boulogne à la frontière d'Alsace avec 400 pièces de canon. L'empereur se porte vers la Bavière le long des Alpes de Souabe, pour tourner le général Mack. Violation du territoire neutre d'Anspach par nos troupes. Passage du Danube le 6 octobre. Nombreux combats. Capitulation d'Ulm (20 octobre).

Armée d'Italie sous Massena.

Le 106e fait partie de cette armée : 2e division, général Zayoncheck (puis Robin); 1re brigade, Digonnet (puis Le Camus).

Au commencement de la campagne, le régiment occupe Bologne, Bergame et Trieste.

L'armée de Massena, forte de 50,000 Français, avait pour mission spéciale de garder le cours de l'Adige jusqu'au moment où Napoléon, s'enfonçant dans la Bavière, eût débordé la position des Autrichiens et les eût contraints à rétrograder. Elle devait occuper la partie supérieure du fleuve, l'aile gauche aux Alpes, refouler les Autrichiens dans les montagnes s'ils se présentaient par les gorges du Tyrol, et si, au contraire, ils arrivaient par le bas Adige, les laisser passer jusqu'au moment où, entièrement engagés dans les pays montagneux du bas Adige et du Pô, on pourrait facilement les prendre de flanc et les noyer dans les lagunes de Venise. En restant ainsi massés, les Français n'avaient rien à craindre, que l'attaque vînt du haut ou du bas. Dans le cas où l'ennemi voudrait renoncer à l'offensive, nous devions la prendre contre lui, enlever le pont de Vérone et marcher sur les hauteurs de Caldiero.

Passage de l'Adige. — Le caractère de Massena ne lui permit pas de rester sur la défensive ; il avait d'ailleurs un tel degré de confiance dans nos armes, qu'avec ses 50,000 Français, il se croyait supérieur aux 80,000 Autrichiens commandés par le prince Charles en personne. Aussi, dans la nuit du 17 au 18 octobre, il s'avance en silence vers le pont de Chateauvieux, situé dans l'intérieur de Vérone. Cette ville, divisée en deux parties par l'Adige, avait la rive gauche occupée par les Autrichiens, pendant que les Français étaient sur la droite. Le pont avait été coupé ; mais les piles, restées debout, servirent à nos braves soldats pour supporter des madriers, et à établir une espèce de passage qui nous permit de franchir le fleuve.

Le secret, la vigueur de l'attaque, la promptitude de l'exécution furent dignes du premier lieutenant de Napoléon. Massena par ce coup de main audacieux, où la brigade Digonnet se trouva fortement engagée, se rendit maître du cours de l'Adige. Après ce mouvement, il attendit les nouvelles des bords du Danube.

Dans la journée de Caldiero, l'une des plus ensanglantées du siècle, le 106ᵉ faisait partie des 10,000 hommes qui, sous le commandement du général Verdier, devaient effectuer un mouvement tournant sur la gauche des Autrichiens. Cette opération, mal dirigée, échoua complétement, et l'intervention de ce brave régiment, qui aurait pu assurer notre victoire, fut empêchée par la mauvaise tactique de Verdier, qui ne sut conduire sa colonne.

Le lendemain, l'archiduc effectue son mouvement de retraite; Massena lui avait enlevé dans trois jours 11,000 à 12,000 hommes.

Massena le poursuit de très-près et l'empêche ainsi de manœuvrer contre la grande armée du Danube.

Il charge le général Saint-Cyr avec les troupes ramenées de Naples de faire le blocus de Venise, où l'archiduc Charles a laissé une forte garnison, et le poursuit dans sa retraite le long du Frioul et au-delà des Alpes Juliennes. — Les deux archiducs Jean et Charles se réunissent à Laybach, l'un par Villach, l'autre par Udine, pour se diriger sur la Hongrie et se joindre aux Russes qui occupaient la Moravie. Massena arrête sa poursuite aux Alpes Juliennes et attend les ordres de l'empereur.

Napoléon, en ce moment, se trouvait à Vienne. 40 lieues le séparaient encore de la capitale de la Moravie; il place Marmont sur le faîte des Alpes de Styrie et rapproche Massena en le mettant en communication avec Marmont. Les troupes de Massena prennent alors le titre de 8ᵉ corps de la grande armée, et le 106ᵉ de ligne, compris dans ce corps, fait partie de la 5ᵉ division Serras, 1ʳᵉ brigade Gilly. Dans le cas où les deux archiducs voudraient tenter quelque chose vers l'Italie, ces deux corps d'armée devaient s'adosser aux Alpes de Styrie et s'opposer au mouvement, en attendant les secours que Napoléon enverrait par Neustadt. Tout le monde connaît cette mémorable campagne de 1805 et l'immortelle journée d'Austerlitz. Le 106ᵉ de ligne n'eut pas la gloire de participer à ce beau fait d'armes.

L'année 1806, la plus belle de l'Empire, comme 1802 fut la plus belle du Consulat, mit le comble à la grandeur de Napoléon. Paris reçut les drapeaux pris sur l'ennemi, et Napoléon obtint le titre de Grand.

Le 106ᵉ fait partie de l'armée d'Italie jusqu'en 1809.

Il eut le regret de ne pouvoir prendre part aux grandes luttes que nous eûmes à soutenir contre l'Europe coalisée (Iéna et Auerstedt, Eylau et Friedland).

En 1806, il fait partie de la 3ᵉ division Miollis, 2ᵉ brigade Castella, et occupe Venise.

En 1807, le régiment est à Trévignano, 1ʳᵉ division Serras, 2ᵉ brigade Herbin.

En 1808 jusqu'à juin 1809, garnison d'Udine, même division ; le général Herbin a été remplacé par Garron.

Juin 1809. — 4ᵉ division Pacthod, 1ʳᵉ brigade Abbé; le 106ᵉ occupe Brück, d'où il part pour faire la campagne contre la cinquième coalition.

CAMPAGNE DE 1809

Napoléon, avant de partir pour l'armée du Danube, indiqua au prince Eugène, qui commandait un corps d'armée dans la haute Italie, la manière dont il devait attaquer les Autrichiens. Ce jeune général en chef devait masquer avec quelques troupes légères la route de la Carniole par Laybach et porter ses cinq divisions d'Udine à la Ponteba, pour déboucher par Tarvis sur Clagenfurth dans la Carinthie; ce qui est la route directe de la Lombardie à Vienne.

Le début de notre campagne en Italie ne fut pas heureux. Deux corps d'armée furent opposés aux troupes du prince Eugène : le 8°, qui se réunit à Villach en Carinthie sous le général Chasteler, et le 9° à Laybach en Carniole sous Giulay. Ces deux corps formaient environ 48,000 hommes et pouvaient au besoin être renforcés d'une vingtaine de mille hommes de la landwehr qui restaient sur la frontière pour la couvrir d'ouvrages de campagne. L'archiduc Jean qui commandait en chef voulait surprendre les Français dans le Frioul, comme ceux-ci avaient l'espoir de le surprendre en Bavière.

Le 10 avril, au moment où les avant-gardes de l'archiduc Charles franchissaient l'Inn, celles de l'archiduc Jean se présentaient aux débouchés des Alpes Carniques et Juliennes et se précipitaient sur nos avant-postes. Le prince Eugène ne s'attendait pas à être attaqué avant la fin d'avril; il n'avait pas encore concentré ses troupes. Seule, la division Serras se trouvait devant Udine, et la division Boursier à la Pontéba. Ces deux divisions furent facilement repoussées, et le prince Eugène, impressionné de ce résultat, donna l'ordre de battre en retraite.

Cette retraite et quelques combats malheureux pour nos armes, qui en furent la conséquence, diminuèrent beaucoup la confiance de l'armée dans son général. Le prince Eugène voulut la raffermir par une victoire: il s'arrêta sur un terrain qui lui était inconnu entre Sacile et Pordenone et voulut aussitôt reprendre l'offensive. Il avait alors 36,000 hommes.

Bataille de Sacile (16 avril 1809). — Le 16, au matin, la division Serras, à la tête de laquelle se trouvait le 106e, et la division Severoli, se jetèrent bravement sur Palse et Porcia, et enlevèrent les premiers obstacles qui leur étaient opposés. En face d'elles se trouvait tout le 8e corps autrichien qui était beaucoup plus nombreux. La division Colloredo reprit les deux villages que Serras enleva de nouveau aux Autrichiens, qui, barricadés dans les maisons, profitaient de tous les obstacles pour effectuer une résistance des plus acharnées.

Cette bataille de Sacile qui n'eut ni vainqueurs ni vaincus produisit une mauvaise impression sur notre armée, par suite de la retraite que recommença aussitôt le prince Eugène pour se couvrir de la Piave. Un si grand désordre se mit dans l'armée française, que si les Autrichiens, plus confiants, avaient osé la poursuivre, cette armée eût été entièrement détruite.

Derrière la Piave, le prince Eugène réorganisa son armée avec le secours de Macdonald, qui lui avait été envoyé comme conseiller. Elle fut divisée en trois parties : la droite commandée par Macdonald, le centre sous Grenier, la gauche avec le général Baraguay-d'Hilliers. Le 106ᵉ était compris dans le centre de l'armée. Par les renforts qu'il avait reçus, le prince Eugène comptait alors 60,000 soldats. D'après les conseils de Macdonald, l'armée se retira sur l'Adige.

Les événements de Ratisbonne surprirent les Autrichiens sur la rive gauche de l'Adige, en face de l'armée française que, malgré leur succès de Sacile, ils n'osaient point attaquer. L'archiduc Jean bat aussitôt en retraite pour marcher au secours de son frère. Son mouvement commence le 1ᵉʳ mai. Le prince Eugène se met à sa poursuite. Le 7 mai, nos troupes franchirent la Piave de vive force; le 10, ce fut le Tagliamento, et le 12 mai, il ne restait plus un seul Autrichien en Italie. L'archiduc Jean, qui était arrivé à la tête de 48,000 hommes, traversait de nouveau dans sa retraite les Alpes Carniques avec 30,000 hommes au plus.

Le général autrichien rejeté au-delà des Alpes donna à Giulay une dizaine de mille hommes avec l'ordre de suivre la route de la Carinthie à la Carniole, pendant que lui-même, avec le reste de ses troupes, se porterait de Villach sur Lilienfeld pour opérer sa jonction avec son frère l'archiduc Charles.

Le prince Eugène, voulant pouvoir faire observer les deux tronçons de cette armée, pour s'opposer à cette jonction, divise la sienne de la même manière. Macdonald, avec 15,000 à 16,000 hommes, suivra la route de Laybach, occupera Trieste, ralliera Marmont et rejoindra l'armée d'Italie sur la route de Vienne, pendant que lui-même, à la tête du reste des troupes, prendra la route la plus directe pour rejoindre Napoléon. La 4ᵉ division Serras, dont fait partie le 106ᵉ, reste avec le prince Eugène.

Pendant que se livrait la bataille d'Essling, le prince Eugène continuait la poursuite de l'archiduc Jean. Le 16 mai, il parvint à l'entrée des Alpes Carniques et enleva de vive force le fort de Malborghetto, placé à leur sommet. Sur les bords de la Schitza, dont ils voulurent nous disputer le passage, les Autrichiens perdirent 3,000 hommes et 15 pièces. L'archiduc Jean se retire à Gretz, où il a le projet de se concentrer. A ce moment, Jellachich, qui voulait le rejoindre, est repoussé par les troupes françaises ; et à la suite de ce nouvel échec, la petite armée autrichienne se dirige sur la Raab, pendant que le prince Eugène victorieux se dirige sur Vienne.

Après avoir établi ses communications avec Napoléon, le prince Eugène occupe Neustadt puis Oldenbourg, dans les premiers jours de juin. Il se met ensuite à la recherche de l'archiduc Jean, et marche sur la Raab, où il est rejoint le 9 juin par Macdonald.

Là, le général français comme' a faute de diviser de nouveau son armée, en renvoyant Macdonald vers Papa avec 10,000 hommes, et ne gardant avec lui que de 29,000 à 30,000 hommes pour poursuivre l'archiduc, qui s'était retiré dans le camp retranché de Raab avec 40,000 soldats, dont une partie, il est vrai, était formée par les troupes de l'insurrection hongroise.

Bataille de Raab (14 juin). — La bataille commença à midi, par une attaque de notre cavalerie commandée par Montbrun. Pendant ce temps Serras a rangé son infanterie sur deux lignes et marche à l'attaque du plateau occupé par les Autrichiens et que couronne la ferme de Kismegyer. Il arrive tout près de la ferme ; mais il est accueilli par un feu de mousqueterie si terrible que 800 hommes de sa division sont blessés en un instant et que le reste en est ébranlé. Serras ramène ses soldats, les rallie, forme une colonne d'attaque ; le 106ᵉ, qui n'avait pas encore donné, est placé à sa tête, et il marche de nouveau contre cette ferme d'où partaient des feux si meurtriers. Les portes en sont enfoncées à coups de hache, et sa garnison est en partie tuée, en partie prisonnière. Serras marche ensuite sur la gauche de la ligne autrichienne. Cependant la défense des Autrichiens était partout aussi acharnée ; mais les efforts les plus héroïques furent impuissants à conserver leur position. Les archiducs ordonnèrent la retraite, qui s'effectua du côté du Danube. Cette journée, qui réparait pour l'armée d'Italie la défaite de Sacile, est due en partie à la brave division Serras et au 106° qui, du reste, paya par de bien grandes pertes l'honneur qui lui en revient.

Les conséquences de cette victoire furent de placer l'archiduc Jean et l'archiduc palatin dans l'impossibilité de nuire aux opérations de Napoléon, qui pouvait désormais recommencer sa tentative de traverser le Danube.

D'après les ordres donnés, l'armée d'Italie arriva le 4 au matin dans l'île Lobau, où Napoléon concentre ses troupes. Le 5 elle prenait sa place de bataille à droite de la ligne formée par toute l'armée française déployée sur une longueur de plus de 3 lieues.

Nous ne pouvons, dans le cadre restreint de ce travail, raconter la mémorable journée du 6 juillet 1809 qui nous valut la victoire de Wagram. Disons seulement que le 106° faisait partie de la colonne commandée par l'intrépide Macdonald qui arrêta le mouvement offensif des Autrichiens contre le centre de notre armée déjà fortement ébranlé. C'est dans cette circonstance que Macdonald forma cet immense carré dont la face opposée à l'ennemi comprenait seule quatre régiments déployés (le 106° était à l'extrême droite). Ce carré s'avance sous une pluie de feu sans s'ébranler, fait rétrograder le prince de Lichtenstein, qui le charge avec toute sa grosse cavalerie, repousse entièrement les autres et conjure le grave danger qui menaçait notre armée.

L'armée d'Italie ne prit pas part à la poursuite des Autrichiens; elle resta dans Vienne jusqu'au moment où fut signée la paix de ce nom (14 octobre).

En 1810, le 106e fait partie de la 4e division militaire du royaume d'Italie; il occupe le département du Rubicone. Le général Frésia commande la division, et le général Roussel la brigade.

En 1811, le 106e occupe comme en 1810 des camps ou cantonnements en Italie; au mois de novembre, il passe à la 3e division militaire de la même armée, et se trouve ainsi sous les ordres du général de division Schilt.

L'armée d'Italie prit part à la formation de la grande armée de 1812. Elle constitua le 4e corps dont le prince Eugène conserva le commandement. Le 106e fit partie de la 13e division sous le général Delzons.

Au mois de janvier, Napoléon expédiait un premier ordre de mouvement à l'armée d'Italie pour masser les troupes sur Brescia, Vérone et Trieste, afin de pouvoir les mettre en route à la fin du mois avec tout leur matériel. Au commencement de mars, cette armée allait rejoindre les autres troupes rassemblées en Allemagne.

A la fin du mois de mars, le vice-roi d'Italie avait franchi les Alpes avec son armée, traversé la Bavière, rallié les Bavarois, et se trouvait déjà près de l'Oder.

Le 23 juin, presque toute l'armée française se trouvait réunie sur les bords du Niemen. Dans la nuit même des ponts furent jetés, et le 24 le fleuve fut franchi.

Nous ne nous attacherons, dans ce récit, qu'au rôle joué par l'ancienne armée d'Italie, actuellement 4° corps de la grande armée.

Par suite des difficultés de sa marche, le prince Eugène n'était arrivé sur le Niemen que le 28 juin. Un pont fut jeté le 29 au soir ; mais, retardés par un violent orage, ses 80,000 hommes mirent quarante-huit heures à effectuer le passage. Le 4° corps s'achemina aussitôt sur Nowoïtroki, Ochmiana, Smorgoni, Wileïka. Il formait la droite de Napoléon et se liait par la cavalerie de Grouchy avec Davoust. De Wileïka, le prince Eugène continua sa route par Dolghinou jusqu'à Berezino, aux sources de la Berezina ; le 21 juin, il arriva à Kameu, près de la Dwina.

Combat d'Ostrowno (25 juillet). — Barclay de Trolly, voulant arrêter la marche des Français, avait placé en avant d'Ostrowno un corps d'armée avec une brigade de dragons. Murat vient se heurter contre les Russes, prend aussitôt une position défensive et fait demander au prince Eugène la division Delzons pour le secourir. La cavalerie de Murat fait des prodiges de valeur, et l'arrivée de Delzons décide les Russes à la retraite.

Murat et le prince Eugène reçoivent l'ordre de se porter le lendemain sur Ostrowno, de dépasser ce point et d'approcher le plus possible de Witebsk. Dans le second combat d'Ostrowno où les troupes se conduisirent avec la plus grande valeur et où nous perdîmes d'ailleurs beaucoup de monde, le 106° fut un des régiments les plus engagés. Les Russes battent en retraite et sont vivement poursuivis par Murat et Eugène, qui entrent ainsi à Witebsk où ils sont forcés de donner du repos aux troupes. Napoléon, qui veut y passer quinze jours, distribue son armée entre la Dwina et le Dniéper. Le 4ᵉ corps est en avant de la ville, à Sourage, sur la Dwina.

Le 11 août, le corps du prince Eugène quitte Sourage et s'avance par Janowiczy, Liosna, Lubawiczy, et franchit le Dniéper dans la nuit du 13 au 14. Il ne prit pas part aux combats de Smolensk et de Valontina. Le 21 août, il fut envoyé sur la gauche de l'armée française à Doukhowtchina pour nettoyer le pays entre le Dniéper et la Dwina et renseigner Napoléon sur le projet des Russes de ce côté.

Depuis ce moment, le 4ᵉ corps forme toujours la gauche de l'armée; il se retrouve en face des Russes les 6 et 7 septembre à la bataille de Borodino et à celle de la Moskowa.

Dès le matin, le prince Eugène s'avance avec la division Delzons vers le village de Borodino, situé en avant de Kolocza et gardé par 3 bataillons de chasseurs de la garde impériale russe. Le général Plauzonne, à la tête du 106ᵉ de ligne, pénètre dans l'intérieur du village, pendant que les autres régiments de la division passaient à droite et à gauche, expulse les Russes, les suit hors du village et les pousse vivement sur le pont de Kolocza, qu'ils n'eurent pas le temps de détruire. Entraîné par son ardeur, ce brave régiment franchit le pont et courut au-delà de Kolocza, malgré les instructions de Napoléon qui ne voulait pas déboucher par la grande route de Moscou et avait ordonné seulement une fausse attaque. Deux régiments de chasseurs russes, 19ᵉ et 20ᵉ, placés sur ce point, firent un feu si terrible sur le 106ᵉ, aventuré au-delà du pont, qu'ils le culbutèrent et prirent ou tuèrent tous les hommes qui ne purent retraverser le fleuve. Le général Plauzonne fut mortellement frappé, et le 106ᵉ ne dut son salut qu'à l'intervention d.. 92ᵉ qui lui permit de se rallier. Ces deux régiments réunis se maintinrent quand même dans Borodino.

Les Russes paraissaient avoir renoncé à toute nouvelle tentative contre la division Delzons, la lutte s'était éloignée, et les soldats français, après avoir conquis Borodino le matin, attendaient, l'arme au pied, qu'on demandât encore quelque chose à leur dévouement, lorsque vers 2 heures toute la cavalerie d'Ouwaroff vint fondre sur eux. Les carrés furent aussitôt formés, et les Russes, après une tentative infructueuse, renoncèrent à leur attaque.

Dans la poursuite que l'armée française faisait à l'armée russe, le prince Eugène, qui avait pris la route latérale de gauche, s'empare de Rouza le 9 septembre, y prend un jour de repos, et continue ensuite sa route sur Moscou par Zwenigorod, entre dans Moscou le 15 septembre. Le prince Eugène occupe avec son corps d'armée le quartier nord-ouest entre la route de Smolensk et celle de Saint-Pétersbourg.

Le 19 octobre, après un séjour de 34 jours dans Moscou, l'armée française quitte cette capitale pour commencer cette retraite à jamais mémorable par les malheurs et l'héroïsme qui la signalèrent. Le corps du prince Eugène prit la tête de la colonne ; le 23, il est à Borowsk. La division Delzons, qui marchait la première, traverse la ville et marche aussitôt sur Malo-Jaroslawetz. Le pont de la Longea ayant été détruit, Delzons fait passer deux bataillons du 106ᵉ sur des radeaux, les jette dans la ville et s'occupe ensuite de rétablir le pont pendant la nuit.

Bataille de Malo-Jaroslawetz. — Kutusoff, qui veut quand même barrer le chemin à Napoléon, ne pouvant plus arrêter son armée à Borowsk, envoie le matin du 24, à 5 heures, le général Doctoroff pour occuper Malo-Jaroslawetz. Les deux bataillons du 106ᵉ, attaqués par des forces aussi supérieures, sont forcés de céder le terrain. Le général Delzons arrive avec quelques bataillons, se place à la tête du 106ᵉ et rentre dans la ville à la baïonnette. Doctoroff revient alors avec tout son corps d'armée (12,000 à 15,000 hommes), et réussit à faire plier nos troupes. Delzons, dans une résistance désespérée, tombe mortellement frappé de trois coups de feu. Une mêlée épouvantable s'engage, et nous sommes forcés de céder le terrain. Malo-Jaroslawetz, pris et repris six fois dans cette journée, resta enfin au pouvoir des Français, après une lutte soutenue de part et d'autre sur les cadavres de la division Delzons.

Le 8 novembre, le 4ᵉ corps se sépare du reste de l'armée pour suivre la route de Doukhowtchina. Arrivé le soir à Zazelé, il est forcé d'abandonner sa grosse artillerie que ses chevaux ne peuvent traîner sur la hauteur. Le lendemain, on doit traverser le Vop; nos soldats, malgré le froid et les nombreux glaçons, sont forcés de le traverser moitié à gué, moitié à la nage, le pont qu'on avait essayé de jeter n'ayant pu résister à la charge des troupes. Nous eûmes dans cette circonstance, désignée sous le nom de désastre du Vop, de bien nombreuses pertes à déplorer. Indépendamment de beaucoup d'hommes entraînés par les glaçons, et qui ne reparurent pas, l'artillerie ennemie et les Cosaques, que l'on ne pouvait tenir éloignés, nous firent perdre beaucoup de monde.

Le 10, le prince Eugène arrive enfin à Doukhowtchina, où il prend deux jours de repos, puis, renonçant à marcher sur Witebsk, il se décide à rejoindre Napoléon à Smolensk. Il partit dans la nuit du 11 au 12. Le 13 au soir, le 4e corps d'armée était sur les hauteurs qui bordent le Dniéper et d'où la vue s'étend jusqu'à Smolensk. L'aspect de cette ville donne un nouveau courage à nos malheureux soldats qui croyaient y trouver le reste de l'armée. Malheureusement, des circonstances désastreuses nous forcèrent de battre en retraite dès le 14 au matin. Le prince Eugène n'accorda que vingt-quatre heures de repos à ses troupes, et le 15 il prit lui-même, à la suite des débris de la grande armée, la route de Krasnoé.

La garde impériale, qui marchait en tête de la retraite, put traverser sans obstacle la Lossmina, cours d'eau qui se trouve près de Krasnoé et où les Russes pensaient couper la colonne et enlever ses derrières.

Quand le prince Eugène arriva à ce point, dans la matinée du 16, il y trouva le corps de Miloradowitch qui lui barrait le passage. Le général français n'avait pas à hésiter : il fallait traverser quand même les lignes ennemies. Il plaça aussitôt la division Delzons en tête des 6,000 hommes qui constituaient alors tout son corps d'armée, et se porta vivement sur les Russes. La division Boursier fut disposée sur la gauche, de manière à arrêter l'ennemi qui se proposait d'effectuer son mouvement pour nous couper. Le plus grand héroïsme fut déployé dans cette circonstance, et cependant nos soldats furent dans l'impossibilité de franchir la ligne de feu toujours plus profonde que les Russes leur opposaient. Le prince Eugène prit alors le parti extrême de sacrifier la division Boursier, pour sauver le reste de ses troupes. A la chute du jour, cette division en bataille marcha à l'ennemi, et pendant que cette attaque s'effectuait, le reste du 4e corps, se dérobant derrière ce rideau, traversait le défilé et arrivait à Krasnoé.

Le lendemain, le 4e corps, trop éprouvé par la retraite de la veille, ne prit aucune part à la bataille de Krasnoé.

Le 27 novembre, ce qui restait du 4e corps franchit la Berezina, en tête de l'armée française, et ne fut pas engagé dans la bataille de ce nom. L'armée française arrive le 9 décembre devant Vilna. A ce moment, les corps français n'étaient plus constitués; le froid avait achevé de les dissoudre. Chaque soldat agissait pour son compte, et, de cette armée si belle au départ, le froid et l'imprévoyance, plus que le feu de l'ennemi, avaient fait une bande de pillards. Les débris de l'armée arrivèrent le 12 à Kowno, et le 16 à Kœnigsberg. Ainsi finit pour la France la plus désastreuse des campagnes.

Nos malheureux soldats, abandonnés par Murat, furent placés sous le commandement du prince Eugène le 16 janvier. Ils s'arrêtent un mois à Posen, pour se refaire de leurs héroïques souffrances, et se dirigèrent ensuite sur Berlin, point extrême de leur retraite, où ils arrivèrent le 21 février 1813.

Le 106e de ligne ne prit aucune part aux opérations militaires qui eurent lieu en Allemagne après la campagne de Russie. Il fut envoyé en Italie et y fit partie du corps d'observation. Il y occupa la 2e lieutenance sous les ordres du général Marcognet, commandant de la 4e division.

Licencié par suite de réduction dans l'armée par ordonnance royale du 12 mai 1814, il fut versé dans le 87e de ligne.

Reconstitué au retour de l'île d'Elbe, le 106e reprend son ancien numéro et contribue jusqu'au 13 mars 1815 à la défense des départements méridionaux de la France. Dans cette dernière période, il ne fut engagé dans aucun fait d'armes digne de trouver place dans cet historique.

ACTIONS D'ÉCLAT

AYANT OBTENU DES ARMES OU LA CROIX D'HONNEUR

Avant de terminer ce travail, donnons les noms de ceux qui se sont le plus distingués parmi les braves de la 106ᵉ demi-brigade ou du 106ᵉ de ligne.

Le 22 floréal an VII, le commandant Dupellin, à la tête de son bataillon, entoure près de 1,000 Autrichiens et sait si bien les tromper sur les forces dont il dispose, qu'il parvient à leur faire mettre bas les armes. 54 officiers, dont un colonel, et 5 chefs de bataillon furent pris dans cette circonstance.

On cite comme s'étant particulièrement distingués dans la journée du 20 prairial :

1° Pinot, fusilier. On le vit pendant toute la journée à la tête de ses camarades, les excitant et leur donnant le meilleur exemple ; à la fin de la journée, il fit seul trois prisonniers.

2° Simon, sergent, et Gaillard, fusilier, sont enveloppés par huit Autrichiens qui leur crient de se

rendre; ils en blessent deux, en font quatre prisonniers, et les deux autres s'enfuient.

3° VOUNARD, fusilier, toujours à la tête de ses camarades, les encourage, tue un Autrichien, en fait un
second prisonnier.

Le chef de bataillon Dumesme, signataire de l'état, dit
dans sa lettre au général Soult, datée de Birmirsdorff,
le 21 prairial : qu'il ne porte aucun officier sur son
état, parce que tous se sont également bien montrés
et que tous méritent pareillement pour leur bravoure.
Il cite dans un état supplémentaire du 22 prairial :
1° Pierre GEOFFROY, caporal de la 1re compagnie, qui,
après avoir démonté un hussard, a pris son sabre,
blessé un officier autrichien et en même temps fait
prisonnier un sergent, malgré une grêle de balles,
dont une a percé son chapeau et coupé l'épinglette
qui attachait le ruban de sa queue; 2° DEPLANT, caporal de la 4° compagnie; marchant le premier, il se
trouve en face de trois Autrichiens, en tue un d'un
coup de fusil, en blesse un autre d'un second coup,
saute sur le troisième, qu'il tue avec sa baïonnette,
parce qu'il ne voulait pas se rendre; 3° AUBIN, caporal
de la 7° compagnie, nommé sergent sur le champ de
bataille par le général, pour avoir tué un canonnier
autrichien aux pièces, et en avoir pris un autre qu'il
a reconduit avec lui.

Au combat de Monte-Faccio, le chef de bataillon
DU PELIET, blessé de cinq coups de feu, conserva quand
même son commandement, et resta au premier rang
jusqu'à la fin de l'action.

Le commandant MACQUAR fut blessé au passage du Mincio, et n'en continua pas moins à donner le plus brillant exemple à son bataillon.

Le 17 germinal an VIII, au combat de Monte-Faccio, le sergent BLAYE arrive seul sur une colonne autrichienne, s'empare de l'officier qui la commandait, et le force à faire mettre bas les armes à sa troupe. Quand plusieurs camarades furent arrivés à son secours, ils firent toute la colonne ennemie prisonnière.

A la même affaire, Jean RENAUD, caporal de grenadiers, depuis sergent, et SILVESTRE, caporal, chargèrent l'ennemi avec leurs hommes, et firent capituler soixante-huit Autrichiens dont sept officiers. BROUILLÉ, soldat, résista à six Autrichiens, en tua deux, et en fit deux prisonniers.

Le fusilier BERTRAND, à l'attaque du plateau des Deux-Frères, arriva l'un des premiers aux retranchements de l'ennemi, fit plusieurs prisonniers et fut blessé grièvement.

BROUILLÉ et PEDRO, même conduite, même citation.

VATELIERS, simple fusilier, chargea le jour de Voltry quatre hussards, en tua un, poursuivit les autres et les fit prisonniers.

Un arrêté du premier consul du 29 vendémiaire an IX confirme la nomination au grade de sous-lieutenant du sergent SAINT-AUBIN, nommé par Massena, comme s'étant particulièrement distingué dans toutes les affaires où a été engagée la 106ᵉ demi-brigade.

Le 4 nivôse an IX, au passage du Mincio, le sergent-major ROZE, se trouvant en tirailleur à la tête de sa compagnie, dont les officiers étaient tués ou blessés, est entouré par des forces supérieures, et sur le point d'être fait prisonnier. Il groupe ses hommes autour de lui, les encourage et fait une telle résistance que malgré leur grand nombre il les met tous en fuite.

Au combat de Vasto, trois simples fusiliers, les nommés GUILLAUME, LANDET et VERNOT, sont chargés par un peloton de cavalerie; ils tuent les trois premiers de leurs trois coups de feu, en blessent trois autres de leur baïonnette et les emmènent prisonniers, pendant que le reste de la troupe ennemie prend la fuite.

Par arrêté du 6 vendémiaire an X, un fusil d'honneur est également décerné au fusilier BREDIF, pour action d'éclat à l'affaire du 4 nivôse an IX, au passage du Mincio. Un autre fusil d'honneur est également accordé au fusilier AIMARD, qui : 1° aux affaires du 10 floréal, pendant le blocus de Gênes, a reporté sur la montagne d'où l'ennemi l'avait précipitée une pièce de canon de montagne; 2° a donné des preuves de la plus grande intrépidité au passage du Mincio.

COLONELS DU 106ᵉ RÉGIMENT D'INFANTERIE DE LIGNE

Doumerc, colonel de la 106ᵉ demi-brigade, depuis sa formation jusqu'en 1805.

Rossel, de 1805 à 1809.

Bertrand, de 1809 à 1812.

Poudret de Sevret, de 1812 à 1814 (mai), reprend son commandement au retour de l'île d'Elbe et le perd à la deuxième restauration.

Les seuls noms d'officiers supérieurs que nous ayons pu trouver aux archives de la guerre sont ceux des commandants qui se sont distingués à la tête de leur bataillon :

Dumesme; Dupellin; Macquart; Autran; du Peliet.

FIN

TABLE DES MATIÈRES

—

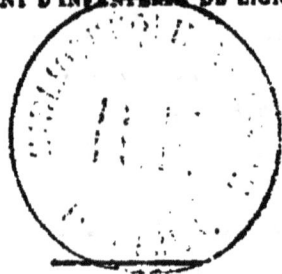

Évreux, A. Hérissey et Fils, imp. - 1875.

www.ingramcontent.com/pod-product-compliance
Lightning Source LLC
Chambersburg PA
CBHW052039270326
41931CB00012B/2553